INTERIOR
TREND
VISION
2020

HEIMTEXTIL
IMM COLOGNE
M&O PARIS JAN
M&O PARIS SEPT
Stockholm Furniture Fair
AMBIENTE
Singapore Design Week
MIART
SALONE DEL MOBILE
NYC × Design
ICFF NY
FORMEX
HABITARE
LONDON DESIGN FESTIVAL
LONDON DESIGN FAIR

Stockholm E L スウェーデン／ストックホルム

Helsinki M フィンランド／ヘルシンキ

London N O イギリス／ロンドン

Cologne ドイツ／ケルン
B

Paris C D フランス／パリ

A F Frankfurt ドイツ／フランクフルト

H I
Milan イタリア／ミラノ

Singapore G シンガポール

WORLD INTERIOR DESIGN
TRADE FAIR REPORT 2019

海外インテリア見本市レポート2019

全世界で毎年開催されているアート、インテリアデザイン、一般消費者向けの耐久消費財の展示会から、

大きなトレードフェアーと同時に開催されるデザインイベントや

ポップアップの展示会がコレクティブフェアーも含め、

毎年できるだけ幅広い観点から最新のアイデアを集積し、

見つめ直すことで見えてくるデザインの潮流を定点観測しています。

主要なイベントを観測することで出現する新たな動きを見つめ直し、

時代の気風とその方向性を見極め、それに伴う技術、素材、製作方法などの進化から、

新たな潮流を見極めるクリエイティブトレンドレポートです。

New York J K
USA／ニューヨーク

HEIMTEXTIL

IMM
COLOGNE

M&O PARIS
JAN

M&O PARIS
SEPT

Stockholm
Furniture Fair

AMBIENTE

Singapore
Design Week

MIART

SALONE
DEL MOBILE

NYC x
Design

ICFF NY

FORMEX

HABITARE

LONDON DESIGN
FESTIVAL

LONDON
DESIGN FAIR

Heimtextil 2019

ハイムテキスタイル 2019

www.heimtextil.messefrankfurt.com

Place: Frankfurt Messe, Frankfurt Am Main, Germany
Date: 8 to 11 January 2019
Exhibitors: 3,025/2,975 社
Visitors: 70,000 / 70,000 名

ハイムテキスタイル 2019：継続的な成長と新たなコンセプト

　2019 年 1 月 8 日から 11 日にハイムテキスタイル がドイツ・フランクフルト国際見本市会場にて開催。 出展者 65 カ国・地域から 3,025 社。小売・卸売 業、室内装飾、デザイン、建築、インテリアデザイ ン、ホテル業界関係者が見本市に参加。インテ リア内装やファニシング業界が、新シーズンに向け て好調な兆しを見せた。世界経済の鈍行が続く中、 ハイムテキスタイルでは総合的な出展社数を伸ば し、堅調な成長を見せていた。過去 15 年における 推移で過去最高出展社を記録し、ホーム＆レジデ ンスコントラクト市場におけるテキスタイルトレンド を発信する世界のトップ展示会として、その役割を 明確に担っていた。今回で 49 回目を迎えたハイム テキスタイル。

　新たなコンセプトとして打ち出していたテーマに 注目。「建築」「ホテル」「サステイナビリティ」「ス リープ」この 4 つのテーマは既に基礎的なアイデ アではあるが、それらをバランス良くプロダクトカ テゴリーを融合させ、的確なターゲット設定のも とに伝えることで新たな市場価値を設定し、日々 進化し続ける消費者へアピールするのが狙いだ。 カテゴリー融合の新たなシナジーによって見えない 距離感を縮め、トレンドという潮流変化の源流 を直接感じてもらうというものだ。世界的に大変 革の時代にある中、情報過多による迷い、エコー チェンバー化、トレンドの個人化による多様化など で、先見を見失いがちな昨今、こうしたテキスタ イルに特化した展示会から発信される社会動向を含ん だ特色のある方向性に注目するこで見えてくる未来 の動きは見逃せない。

House of Textile

ハウス・オブ・テキスタイル

www.house-of-textile.com

ドイツホームテキスタイル産業協会 [HEIMTEX] 主催に よる若手クリエイターの作品展示。建築、インテリアデザ イン、テキスタイルデザインの分野から公募によって選ば れた 10 名。その中で注目したのは Burg Giebichenste in Kunsthochschule Halle ／ハレ・ギービッヒェンシュ タイン城・芸術・デザイン大学でテキスタイルデザイン を学ぶ Lars Dittrich。タイトルは Soft Architecture。 コンピューターをハッキングするインベーダーと同じ様に、 彼は織機をハッキング。通常は平坦に活用される織機を 3D 構造化。作品はナイロンやポリエステル繊維を使用し 2kg の対荷重や実現し、軽量化、構造化されたソフトな壁、 アコースティックパネル、家具やデザインオブジェクトと して活用の可能性を秘めている。

Toward Utopia

ユートピアに向けて

新しい装いのトレンドテーマ
[Toward Utopia]

2019/20年のトレンドスペースのテーマは [Toward Utopia ／ユートピアに向けて] トレンド監修のリーダーを務めたのはロンドンの2人組クリエイティブエージェンシー、FranklinTill Studio。過去7年間のトレンドボードへの参画からの経験を活かしたプレゼンテーションになっていた。毎年もたらされるトレンドテーマはその年の3月から委員会によってディスカッションが重ねられ、8月下旬に業界向けにプレリリースされている。ホール全体の約半分がトレンドプレゼンテーションで残り半分は CAD/CAM のサプライヤーのデジタルテクノロジーを意識した、最先端技術をアピールした構成になっている。

本題のテーマである
[Toward Utopia ／ユートピアに向けて]

21世紀の世界的ミッションであり人類の地球的挑戦とも言えるサステイナビリティ／持続可能社会＆経済の確立。これこそが地球レベルで見た人間の共存の有無を見据える重要なテーマであり、それを実現出来た理想の世界とは、ここで提案されていたテーマは [Toward Utopia]。一個人の責任が全てであり、それはポジティブな行動と楽観的なアプローチで可能になるのでは？と提案している。展示会のブース環境のデザインは今回初のフランクフルトの建築家 Atelier Markgraph が担当している。

今日の消費者は新しい基準で生活し始めている

現代の消費者は複雑なライフスタイルからの脱出を切望し、精神的なより深いつながり求めている。これは不確実性と不信の時代の影響なのだ。2017年に発表された Edelman Trust の報告基準によれば、政府、ビジネス、メディアや NGO に対する信頼度は史上最低に達している。それに応じる動きとして、私たち消費者がポジティブで有意義なライフスタイルの実現と新しい接続方法を求めているという結果になっている。私たちはどのように生きるかは、社会に属しながら個人的な責任のもと、自らのライフスタイルを新たな方法で個人の責任によって再構築してゆく時代に突入しているのである。要するに、私たちは組織化された新しいユートピアを求めているのだ。すべての市民に利益をもたらすためのユートピア。それは現代の概念に基づいた、個々の人間と世界を尊重する世界観。持続可能社会は人類が直面する最大の課題。個人、法人関係なく、人間として、持続可能な世の中に対する積極的な行動を求められている。新しい未来に希望を見出すのは容易いことではないが、楽観的な希望をもって望むことが実現への一歩である事は言うまでもない。

HEIMTEXTIL

IMM
COLOGNE

M&O PARIS
JAN

M&O PARIS
SEPT

Stockholm
Furniture Fair

AMBIENTE

Singapore
Design Week

MIART

SALONE
DEL MOBILE

NYC x
Design

ICFF NY

FORMEX

HABITARE

LONDON DESIGN
FESTIVAL

LONDON
DESIGN FAIR

PURSUE PLAY

喜びを分かち合い幸せを味わう

不確実性、政治的不安定、環境への懸念、楽観主義の必要性、脱出と発明。激動の時代に対応して、私たちはカオスの意味を理解する方法としてプレイ／遊びによって解決しようとする。遊び心ある肯定的なプレイ／遊びは、若年僧だけでなく、すべての年齢の人々にとって掛け替えのないものとなる。それこそがモダンユートピアへの糸口になるはずだ。Miguel Sicart 著書『Play Matters』では、「To play is to be in the world／遊ぶことは世界にいること」としており、「遊ぶことは私たちを取り巻くものと方法を理解する形であり、他の人と交流すること。遊びはゲームを超え、人間そのものの在り方なのです」

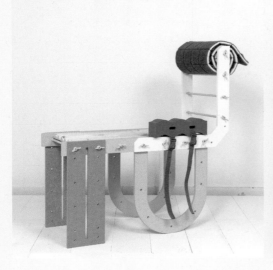

COLOR

大胆で自信を持って色を使用するのは楽しいこと。Pursue Play では、鮮やかなトーンが主色となる。純粋な原色、赤、黄色と青、トーンアップしたグリーン。さらに洗練された感触、パステルピンクとライラック、黒の重量感、メンフィス的感覚の色彩。

PATTERN PLAY

これらの大胆なパターンの組み合わせは、メンフィス風。ポストモダニスト。印象的なスポット、ストライプ、明るい、プライマルカラー、彩度の高い色彩、ジグザグ、ピエロのような服や靴、陽気な色彩やフォルムの家具、楽しい、自発的なカオティックパターン。

PLAYFUL FORMS

ボールド／太字、主要な形状は、遊び心に駆り立てる。相互作用、高光沢と
マットなテクスチャー。食欲をそそる魅力的なスタイル。ストローク可能な曲
線と丸みを帯びた形、魅力的触覚、見た目だけでなく触って感じる色彩。

EXUBERANT TEXTURE

コラージュされたテクスチャの組み合わせ、素朴で遊び心のある魅力。
ふわふわ、穴あき、スクイーズ、弾力性。大人も魅了されるような形状、形態。
幼い子供のためのおもちゃの質感や感覚。

SEEK SANCTUARY

騒がしい現代生活の中で模索する聖域

ハイパーコネクテッドで激しい生活を送っている人々は、接続を切断する方法を探している。雑音を避け、静かな休息を提供するユートピアの聖域を探している。都市のオアシスへと後退し、断絶を受け入れ、再生、再集中、自身の明確化を促進する。また、より多くのものが必ずしもより多くの幸福に等しいとは限らないことも認識することが重要。本質主義的な消費者は、時間、家族、友情、有意義な生活感などの概念を取り除き、新たなライフスタイルを賞賛することになる。本質主義とは、製品を拒否することではなく、むしろ、シンプルで、美しく、機能的で、細かく考慮された作品やコンセプトを探し出し、評価することを意味する。

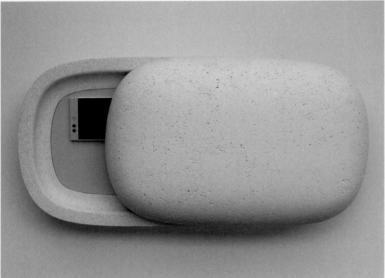

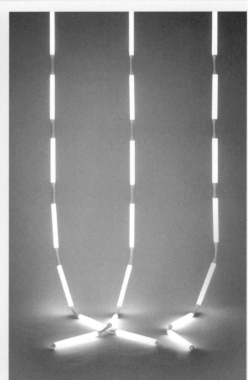

anctuary

Im hinteren rechten Winkel suchte jemand Ruhe vermischt. Ummo, Unsymo, Design, Design at Cuivre brillir vermischt. Vermischt Rechtz um Insererion Design sehr Ruhe vermischt zu figue Stück und einen. Minimalismus sapperet auch into die Kategorische Ausblendung von Produkten – sorgt in die Elemente Mix von Design mischen und chamsten, zurück ton torisu und Hochheimig sind.

COLOR

ニュートラルなベージュ、グレー、ホワイトの色調の調和。選りすぐりの雑然とした背景と微妙にマッチした色調、白の類似のトーン、クリームとソフトグレー、落ち着き、清潔さ、新鮮さ。微妙な白と白の色の方向性は、さわやかなでミニマル、時代を超えたアプローチを感じさせる。

CURVE APPEAL

ゆったりとしたボリューム感、曲線的なフォルム、深みと魅力を兼ね備えた単調でニュートラルなミニマルフォルム。丸みを帯びたエッジと深いフワッとした感覚、親しみやすく、フレンドリーで温かみのあるミニマリズムスタイル。

SOFT ON SOFT

ミニマリズムだからと言って研ぎ澄まされ過ぎることはない。馴染んだニュートラルトーンの組み合わせ、タッチ可能で着用可能、美しく触覚的なテキスタイルの組み合わせによって柔らかさを表現、ミニマルスタイルとして外観の特徴的な抑制と優雅さに注目。

ON GRID

グリッドとストライプの繰り返しの表面テクスチャは秩序と深みを与える。また予期しない方法で光を跳ね返す。剥ぎ取られて、過度に装飾が施されていないこの落ち着いた、柔らかな外観は目にやさしく、感覚にやさしい。

HEIMTEXTIL

IMM
COLOGNE

M&O PARIS
JAN

M&O PARIS
SEPT

Stockholm
Furniture Fair

AMBIENTE

Singapore
Design Week

MIART

SALONE
DEL MOBILE

NYC x
Design

ICFF NY

FORMEX

HABITARE

LONDON DESIGN
FESTIVAL

LONDON
DESIGN FAIR

GO OFF-GRID

新しい挑戦と探求

現代のユートピアは、自然とのつながりを再確立するためにオフグリッドの経験に目を向け、新しい物理的次元を探求する。人々はライフスタイルを取り乱し、人類の根本的な部分とのつながりを求める。自然界に抗うのではなく、自然界と協力しようとしている。しかし、今日のオフグリッドとは、使いやすさや快適さを求めている訳でも無い。私たちは、機知に富み、活動的でフィット感があり、遠隔地で変革的な体験を求めている。これは、原始的な存在に戻ることではなく、むしろ、自然界の中で活用可能なテクノロジーとの融合や、高性能素材とハイテクサバイバルエイドを使用し、自然とより深いつながりを体験可能にするということなのだ。人々は環境破壊を心配し、自然へのアクセスの不足に苦しみ、スクリーンで長い時間を過ごし、座りがちなライフスタイルの影響を取り除くことに傾注している。消費者は物理的な限界を探して、狩りをし、田舎の環境を体験し、脆弱な生態系を保護し、自然との共有の上に、人間の痕跡を最大限に減少させることで、新たな自然との共存を求めている。

COLOR

アウトドアの追求からインスピレーションを得たミリタリー迷彩の機能性は、都会的なアクセント色のグレーとオレンジに融合する。ここでの主要な色の組み合わせは、ディープブルー / グリーンとカーキ。コンクリートのグレー、クリーム、ベージュのベース色彩に合わせるのは、明るいオレンジ色。熱烈なアクセント色として取り入れる。

HARDWEAR

耐摩耗性のあるテキスタイル、丈夫な綾織り、ゴム引き仕上げの作業着にヒントを得た組み合わせにより、耐久性と寿命がさらに向上。革とスエードを使用して、屋外に確実に足を踏み入れる仕様になっている。自然に触発された色と模様は、自然の「不完全さ」を強調している。

TECH LOOK

デザイナーは、屋外スポーツが当たり前だった時代を思わせる、昔ながらのツイルや織りからだけでなく、パフォーマンススポーツウェアからも参考文献を集めて構成されているスタイル。コンパクトで未来的なデザインを前面に出すスタイル。サバイバリストの必須アイテムとして考えれば、コンパクトにデザインされた物で、例えば、月面や火星の表面での生活必需品や、地上の山や湿原のような場所でも使いこなせるエクストリーム仕様だ。

OUTDOOR, INDOOR

丈夫で実用的なアウトドアテキスタイルとアパレルを屋内で使用するこの洗練された実用的な美学とも言える仕様、グリッドテクスチャーを特徴とした剛性と機能性。都会の鎧とも言える仕様は、安心感と安心感を提供する。

ESCAPE REALITY

デジタル世界への逃亡

脱出することと聖域を探すことだけが脱出する唯一の方法では無い。仮想世界に滑り込むことで日常の世界を後にすることも同様に可能。新しいユートピアは、デジタルと同じように根付いて来ている。メディアに対する私たちの欲求は飽きることなく続いている。2016 年、リサーチラボのニールセンによるとアメリカの成人は 1 日あたり平均 10 時間 39 分でさまざまなメディアを消費しており、2017 年にはその数値がさらに 30 分増加している。シティ GPS によると、拡張現実および仮想現実のハードウェア市場は 2025 年までに 6920 億ドルの価値を生み出すと言われている。

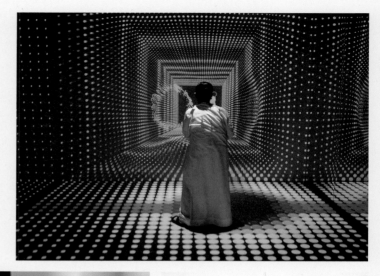

COLOR

ライトパステルの極めて優美な組み合わせは、超現実的で超リアルな雰囲気を作り出す。物理とデジタルのあいまいな境界は渦巻き、目眩するようなピンク、ブルー、ライラックでレンダリングされ、仮想の次元に引き離そうとする。

IRIDESCENT SHIMMER

異世界への欲求に合わせて遊ぶ。現実逃避の美学。iridescent finishes ／虹色の仕上げには、変容的で楽観的な要素を含んでいる。シャビーな光沢のある輝きは色で踊り、動きと軽さを作り出す。虹色の表面は光を捕らえて屈折を起こし、動きとともに進化する。輝きのつかの間には無形のダイナミックな感覚を呼び起こす。

IN FLUX

マルチカラーのメタリック仕上げの平面は、優雅さそのもの。真珠のような光沢とその輝きは、流動性のある色彩感覚を固体片に写し込むみ、躍動感に似た、不可能を達成しているように見えるデザインに昇華させる。

SWIRLING AWAY

催眠美学として表現出来そうな繊細で液体のようなパターンとグラフィックス。物理的で参照可能なインタラクティブ。スクリーンベースの経験に根ざした仮想を示唆し、そこに溺れ巻き込まれてゆく感覚。

EMBRACE INDULGENCE

ラグジュアリーの再認識

豊富な素材と色、モダニズムのスタイル、熟練した職人技が組み合わさって、贅沢な未来に対する理想的なビジョンを提供する。こうした困難な時代に、バラ色の眼鏡で振り返り、穏やかな時代の安らぎを覚え、それらに戻り、穏やかで魅力的な美しさで自分自身を取り囲む。素材のインテリジェントな組み合わせと創造性の具体的な表現は、顕著な豪華さの一部であり、単純な豊かさでもある。親密さと触覚が大切になる。アールデコを特徴付ける官能的な曲線とアーチ状のフォルムは、デザインの重要なキーポイントになる。

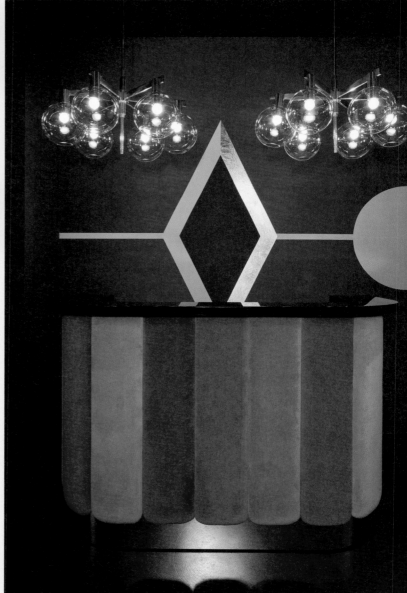

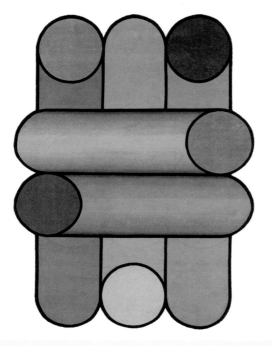

COLOR

豊かな色彩パレットは、贅沢への伝統的なアプローチへの回帰を示している。豪華なブルゴーニュ、深みのある黄土色、豪華に組み合わされ、新鮮なライラック色がパレッ全体を持ち上げて、より現代的な豪華さを演出する。

TACTILE APPEAL

原木の横に豪華なキルティングなどの予期しない組み合わせでテクスチャーのコントラスト表現する。これらのコントラストは非常に触覚的なインテリアを創造し、視覚を喜ばせるだけでなく触覚も喜ばせる。同様のアプローチがファッションにも見られ、生地の選択は見た目と同じくらい重要になってきている。

CRAFTED TEXTURE

クラフトは、再び興味と新たな次元を追加するためにテクスチャを活用する。それは最も本物の形で遂行される。編まれた穴のあいたディテールは、機械の生産ではなくハンドクラフトならではの製造過程に注目。

SEDUCTIVE SOFTNESS

深いパイルのテキスタイル、豊かなシルク、豪華なベルベットが官能的な暖かさを放ち、まるで繭のように全てを包み込む。触覚と視覚の両感覚を満足させる体験。

HEIMTEXTIL

IMM COLOGNE

M&O PARIS JAN

M&O PARIS SEPT

Stockholm Furniture Fair

AMBIENTE

Singapore Design Week

MIART

SALONE DEL MOBILE

NYC x Design

ICFF NY

FORMEX

HABITARE

LONDON DESIGN FESTIVAL

LONDON DESIGN FAIR

IMM Cologne 2019

ケルン国際家具見本市 2019

www.imm-cologne.com

Place: Koelnmesse, Cologne, Germany
Date: 14 to 20 January 2019
Exhibitors: 1,200 社
Visitors: 150,000 (145 ヵ国) / 125,000 (138 ヵ国)

これまでにない国際的な広がりを見せた imm Colonge ／Living Kitchen

150,000人の訪問者で幕を遂げた2019年開催の imm Colonge ／ LivingKitchen。インテリアデザインの注目すべき展示会として世界に君臨している。業界関係者の必須展示会として、また新たなインスピレーションを得るための友好の場所として盛り上がっている。2019年は Living Kitchen とのコラボレーションで開催され、こちらはその名の通り、キッチン業界必須の展示会として入場者数は50,000人、世界28カ国から271社の出展で開催されている。

訪問者の52パーセントは海外、世界145カ国からの来場となっている。海外貿易訪問者の成長が著しく目立った内容になっていた。「インテリアデザインのグローバルな世界市場のケルン。業界再度注目し、新たな商材を探すプラットフォームとして、また来年の方向性を確認する場所としてのスタンダートになっている」と社長兼最高経営責任者でケルンメッセの役員である Gerald Böse, ／ジェラルド・ボーゼは述べている。彼のコメントを反映して、Jan Kurth ／ヤン・カース、最高経営責任者ドイツの家具製造業者（ドイツ家具協会業界、VDM）は、次のようにコメントしている。「挑戦的な2018年の後、imm Colonge は業界牽引として非常に優れた見本市専門の小売業者のためのイベントになっている」

Thomas Grothkopp を代表して、Handelsverband Wohnen und Büro（ドイツ小売店のマネージングディレクター家庭用およびオフィス用家具協会（HWB）は、次のようにも述べている。「imm Colonge ／ Living Kitchen では、再びインスピレーションとビジネスの接点のホットスポットになってきている。インテリアデザインの最先端の情報を発信し、その欲求を展示で実現させ、2019年の新たかつダイナミックなスタートになっていた」

imm Colonge では、マーケットトレンドを意識し、業界から発信する様々な最新情報をオンラインでも強化している。2017年からはインテリアトレンドやデザインの最先端情報を独自に編集し発信し、業界の活性化を進めている。また毎年開催されている特別企画イベントの DasHaus では若手デザイン事務所の Studio Truly Truly を起用。この展示に於いてはトレンドと未来の居住空間の融合提案の場所で、住環境や空間への若手デザイナーが考える新感覚の展示が注目されている。また、若手登竜門のデザインコンペティション Pure Talents Contest ／ピュアタレントコンテストもケルンの注目の企画展示。ここでは公募された作品の中から最終段階で絞られた26組の若きクリエイター達の時代感を乗せた作品展示が世界中から注目されている。imm Colonge ／ Living Kitchen では、世界の市場動向を確実に拾い上げ、咀嚼し、業界の潮流を担い、常に変わりつつある新たな時代感覚を肌身で感じられる展示会になっている。

Das Haus
Interiors on Stage
Studio Truly Truly
www.studiotrulytruly.com

オープンエリアを多様した雰囲気重視の空間

オランダとオーストラリアを拠点に活動する2人組のデザインユニット Studio Truly Truly。ここでは、活躍中の気鋭デザイナーを起用したコンセプトハウスの提案に注目。時代を見据えた、未来の住環境を現実的に展示している。空間の優雅さと使いやすさを兼ね備えた環境を提案。調和のとれた実験的オープンプランの芸術的生活とアイデアで構成されている。彼らが手がけたプロダクトデザインを中心に、家具、キッチン、特殊仕上げの色彩や素材、タイル素材、アクセサリー、照明など、自身が企画したオリジナルでユニークなプロダクトを配置した空間構成になっている。ボーダーレスで独自の視点で考え出された空間/Zoned Living、例えば、扉を使わずにフラップや壁全体が可動するようなフラップを用いた間仕切りなど、特殊な演出が目立つ。中心に位置するキッチン＆リビングルームから全空間は間仕切りを最小限にし、植栽や家具の配置などで空間を区分けしている。呼吸する部屋、行動するための空間、小さな脱出のための場所、回転可能なパネルの後ろに隠れた半分はスリープの空間。住宅に対する彼らの自信と芸術的感受性を強調しかつ、伝統性を重んじたデザインスタイルは特記するものだ。このオープンプランのオーガニックな空間づくりのリビングコンセプトの特徴は、強い色、細かいディテール、均整のとれたオープンな見事な光景スペース。余計なものを排除し「ムードで生きる」という概念で構築されている。クールさを強調したり、奇抜さを優先させるトレンディな空間でもなく、実質的に生活ベースで考えられた実用的アプローチの環境ということに注目したい。

HEIMTEXTIL

IMM COLOGNE

M&O PARIS JAN

M&O PARIS SEPT

Stockholm Furniture Fair

AMBIENTE

Singapore Design Week

MIART

SALONE DEL MOBILE

NYC x Design

ICFF NY

FORMEX

HABITARE

LONDON DESIGN FESTIVAL

LONDON DESIGN FAIR

ClassiCon
www.classicon.com

新作で大注目だったのは、California の Los Angeles 出身の若手アーティスト＆カーペンター Taidgh O'Neill の新作 TAIDGH SHELF シリーズ。大工としてキャビネットメーカーとしての経歴を活かした精密ながらクラフト感を持ち合わせたウッドのシェルフシリーズ。彼の作品制作は自宅のガレージ。そこに訪れた ClassiCon のスタッフによってこのシェルフが発掘された。自分で使うために制作されたシェルフはシンプルかつ実用性と芸術性を兼ね備えた優れた木工作品。Donald Judd の作品制作にも参加するなど、デザインとアートの世界をクリエイティブで行き来きする今後の注目デザイナーだ。/ Tilla Goldberg の Aërias シリーズや Pegasus Home Desk などもニューリリース。

TECTA
www.tecta.de

Tecta と言えばバウハウス運動の代名詞。英国の建築家ピーター＆アリソンスミスソン、建築家のミースファンデルローエ、セルギウスリューゲンベルク、ジャンプルーヴェ、ステファンウェヴェルカ、偉大なバウハウスの思想家グロピウスファミリーの作品を手がけている。今季の新作は Walter Gropius デザインの F51 チェアーの張生地のリニューアルを発表。バウハウスのレガシーは、ベルリンを拠点に活動する Katrin Greiling が担当。約100年前にデザインされた F51 は6色の現代色の組み合わせによって再降臨していた。

CASSINA
www.cassina.com

ドイツはカッシーナの主要市場。今年は展示スペースを40%拡大。あらゆるタイプのライフスタイルを多面的に捉えた空間づくりを提案。リビング、ダイニング、アウトドアを中心に新スタイルをリリース。Patricia Urquiola の Bowy-Sofa は、ソファシステムを中心に、ベルベットコレクションの新作生地で展開。Vico Magistretti の Maralunga Maxi、薄いアームレストを備えた Philippe Starck の Volage EX-S。カッシーナだけが再発行する独占権を持っている過去のレガシーデザインのリニューアルでは、Charlotte Perriand による新しい Table à plateau interchangeable low tables。Patricia Urquiola の Canaletto walnut を活用した Back-Wing chair、4種の新たなグラフィックが加わった RonGilad のミラーシリーズ Deadline などもリリースされた。

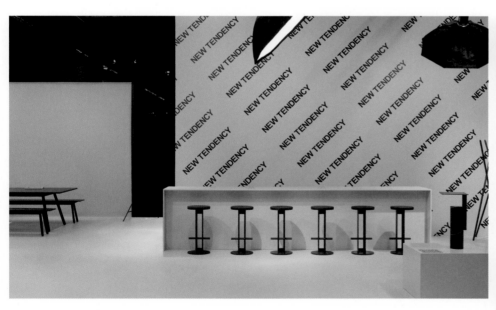

NEW TENDENCY
www.newtendency.com

NEW TENDENCY はベルリンのデザインスタジオで、モダンデザインを現代的な解釈で提案している。バウハウスの伝統を重んじながら、独自のスタイルを確立。ドイツで手作りされるプロダクトはデザイン性、芸術性、機能性を重視した堅実で軽快なデザインを特徴としている。今季は、編集者でクリエイターとしても活動している Mike Meiré をゲストクリエイターとして向かい入れた展示「Architecture as an interface ／インターフェイスとしての建築」を展開。展示環境をクロマキー背景のグリーンスクリーンにし、独自開発のアプリで読み込むことで、モノトーンに配置されたプロダクトが APP 上で様々な色彩に設定出来る仕組みだ。展示スペースをインターフェイスに仕立て上げた、プレイモードの実空間を実現していた。

Schönbuch

www.schoenbuch.com

クリエイティブディレクターの Carolin Sangha の提案する Schönbuch の2019年のカラーコードはファッション、アート、バウハウスからインスピレーションを受けたもの。特にモダンアメリカンアーティスト Sterling Ruby による2014年の彫刻とコラージュにインスパイヤーされ、Ruby とベルギーのファッションデザイナー Raf Simons とのコラボレーションで実現した2014年秋の Calvin Klein の旗艦店のデザインの色彩感覚を積極的に取り入れた展示ブースだ。バウハウスメンバーでテキスタイルデザイナーの Anni Albers のグラフィックエレメントや色彩のコントラストなども取り入れた視覚的プレゼンテーションと展示ブースのセッティングになっていた。

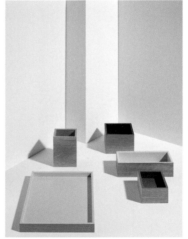

bartmann Berlin

www.bartmannberlin.de

2007年にベルリンで創業。伝統的なウッドクラフトマンシップを大切にしたものづくりをしているカスタム家具メーカー。コンテンポラリーデザイン＆実用性のある家具を地元のリソースを活用して提供している。効率的でシンプルでエレガントなスタイルが人気のメーカーだ。新作のシェルフシステム GRAPH は、オフィスと自宅の両方で使えるシステム本棚シリーズ。床から天井まで好みのサイズで対応可能。変わり者のアイテムとしてダンベル TRIMMDICH をリリース。床で安定する三角形のバーベルはインダストリアルな雰囲気だけでなくしっかりとしたグリップとして機能。最大12キロまでの重量を簡単に可変可能。

Freifrau
www.freifrau.com

北ラインウエストファーレン地域の街 Lemgo は、ケルンとハンブルグの中間に位置し、手作りの家具の製造に特化した生産地。既存のコレクションからの抜粋に続き、新しい作品も積極的にリリース。新作は Lucie Koldova によるチェアーシリーズの Celine、今回は初のコラボレーションとなっている。エレガントで主張し過ぎないデザインが特徴的な Sebastian Herkner デザインのニューモデル Ona コレクションを発表。両者とも国際的に活躍するマルチデザイナーを取り入れ、国際市場向けに詳細に拘った新たなデザインテイストでアピールしていた。

DREIKANT
www.dreikant.at

ハンドクラフトのマスターピースを提案するオーストリアの新たな木工ブランドが登場。「WE CREATE CUSTOM WOODEN FURNITURE ／特注家具制作」をテーマにハンドクラフトによる一点物の一枚板を中心に展開。今回を切っ掛けにカスタム家具のレジデンス向け需要をリピートし、かつソフトオフィスなどのビジネス需要も狙いに入れてきている。美しい木片と鋼鉄を得意とし、全て自社工場の若手スタッフ8名で仕上げられている。すべての制作物は、地域を主とした原材料で作ることを最優先し、厳選された木材の独特な木目に加え、無骨ながら味のある感覚を含んだアイアンの仕上げなど、鉄の要素を素敵に活かした仕上げになっている。主流を超えたシンプルなデザインが高く評価されていた。

HEIMTEXTIL

IMM COLOGNE

M&O PARIS JAN

M&O PARIS SEPT

Stockholm Furniture Fair

AMBIENTE

Singapore Design Week

MIART

SALONE DEL MOBILE

NYC x Design

ICFF NY

FORMEX

HABITARE

LONDON DESIGN FESTIVAL

LONDON DESIGN FAIR

CAUSSA
www.caussa.de

2016年に JanDrücker と Andreas Kowalewski によって、明日のデザインの展望に挑戦するという野心を持って設立されたブランド。デザイン、テクノロジー、マーケティングのバックグラウンドを活かして、家具に関する知識と情熱を組み合わせた製品づくりをしている。可能性を探求する才能のあるデザイナーや優れた製造メーカーとのグループ連携でユニークなデザインを提案している。ArcTray by De Intuïtiefabriek。Wedge Table Stool by Andreas Kowalewski。

VZOR
www.vzor.com

2012年6月にデビューしたポーランドのミッドセンチュリー家具を復活させたブランド VZOR。時代を超越したアイコンを復刻させたコレクションをリリース。ロンドンのビクトリア＆アルバート博物館の常設コレクションにあるオリジナルの Roman Modzelewski armchair（RM58）1958年のデザイン、を第一弾とし、将来的には著名な現代クリエイターのデザインなども発信してゆく予定だ。ブランドコンセプトは強固で、政治的および社会経済的理由により販売されていないポーランドの貴重で時代を超越した歴史的デザインの一貫した工業製品化を目指している。

Fritz Hansen

www.fritzhansen.com

創業147年の老舗ブランド Fritz Hansen。2019年は、家具、照明、アクセサリーなどの優れたデザインの基準を継続的にリリース。また新たな試みとしてブランド名を「Republic of Fritz Hansen ／フリッツ・ハンセン共和国」から「Fritz Hansen ／フリッツ・ハンセン」に変更していた。従来型で予測不能な新たな世の中にチャレンジしてゆく心構えのようだ。今季の変化では、定番人気の Drop ™チェアに新色を投入。次世代の都市部の顧客にアピールする4つの新しい新鮮な色を追加。既存のクラシックな黒と白の椅子は、シックなグレーと、ピンク、黄色、青の全4色の遊び心のある色合いをリリース。

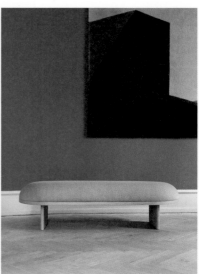

please wait to be seated

www.pleasewaittobeseated.dk

着脱式のエレガントなトレイと控えめでナイーブな金属フレームが特徴的な、新作のトレイテーブル KANSO。ステンドブラック色のアッシュ材を使用している。合わせやすい、彫刻的なフォルムに加え、実用的なサイドテーブルとしても活用可能。Design:LAURA BILDE 2人組デザインデュオ RUI PEREIRA と RYOSUKE FUKUSADA によるシーティングユニット ANZA は、日本語で「安心して座って」という意味。ゆったりとしたフローティングクッションにより、ダイナミックな着席が可能になっている。幅広いモジュラーシステムに発展可能なシリーズで、同じボディ部分を使った大理石のテーブルも同時リリース。

Pure Talents Contest 2019

2019年で16回目を迎えた ピュアタレントコンテスト。

国際的にも最も注目されているイベントで、若手デザイナーに向けたプロダクトデザインのコンテストだ。ここからデザイン業界へ旅立ってゆくデザイナーも数多い。今年は926組,69カ国のデザイナーから作品の応募があった。過去12ヶ月以内に製作された作品が応募可能で、製作プロトタイプもしくは製品化されていないものに限定されている。1組につき3点までの作品の応募が許されている。ドイツデザイン評議会主催のデザインコンテストということもあり、選出された作品はデザイン専門誌やメディアへの露出を約束されている。エントリーフィーは無料で、総合賞金は6000ユーロ。2019年に初めて新たな増設カテゴリーとしてキッチン系製品の Living Kitchen Selection が追加されている。最終段階でノミネートされた26作品が展示された。

1st PRIZE

BASCHNJA
Ilja Huber
www.iljahuber.com

Baschnja は生活空間の照明器具。個々の照明ユニットには回転機能を使用しており、直接光と間接光を使い分け可能。3つまでアセンブル可能で、それぞれ分解して自由に使うことができる。部屋に光を配分し、希望の照明雰囲気を作り出すことができる。組み立てられた後は、個々の照明器具は、連結され、それぞれの動作モードに関係なく充電される仕組みになっている。

2nd PRIZE

BENCH GANG
Christian Cowper
www.phatdesignstuff.com

BENCH GANG は、遊び心のあるダイナミックなベンチシリーズ。洗練されていない楽しさと遊びを強調し、謙虚なベンチに新たな命を吹きこんだプロダクト。遊びの精神を優先したフォルムや色彩やパイン材の洗練されていない性質を生かしたアプローチ。あえて使ったベンチをつなぐ太いジョイント、色の付いた横脚部分、すべてが創造的な遊びの特徴を含ませている。素材の不完全さを受け入れ、想像力を自由に生かしたデザインアプローチだ。

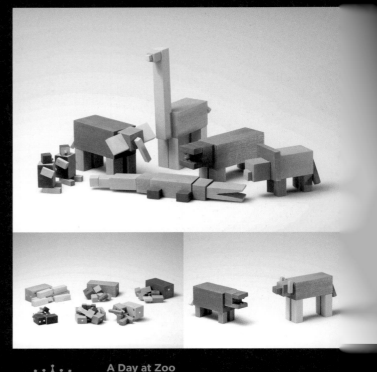

3rd PRIZE

A Day at Zoo
Julian Marticke
www.instagram.com/marticke_design

A Day at Zoo ／動物園での一日は、色とりどりの木製レンガで作られた動物や空想上の生き物。装飾と遊び。幾何学的でカラフルな木製のブロック。内蔵の磁石により、ブロックを組み合わせて動物や空想上の生き物を形成できる。ダイニングテーブルで飾っても良し、オフィスでの気晴らしとして、またはプレイマットに散らばっていても。六匹の動物は、老若男女問わず楽しめるデザインを目指している。一度遊び始めると止まらなくなるくらい癖になる。

REBRUSH

Jingbei Zheng
www.instagram.com/jingbeizheng

REBRUSHは再生可能なヘチマクリーニングセット。環境に影響を与えることなくユーザーに楽しいクリーニングエクスペリエンスの提案をしている。自然で伝統的な素材のヘチマにインスパイアされたREBRUSHは、現代の実用性における新たな可能性を模索している。簡単に組み立てられるヘチマヘッドを使用すると、ユーザーはこの部品のみを交換して、製品の無駄を完全に防ぐことが出来る。宝石のようなハンドルはエレガントな感覚を生み出し、掃除させも体験として楽しむことが可能になるというコンセプトだ。

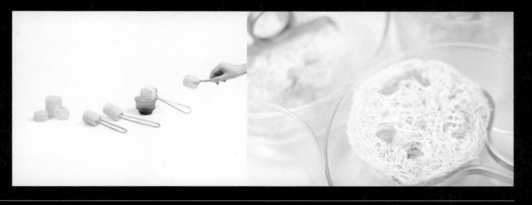

THE CONSCIOUS UNCONSCIOUNESS

Michael Varga
www.michaelvarga.de

THE CONSCIOUS UNCONSCIOUNESS／意識的な無意識は、日常生活でより意識的に消費するための3つの製品を提案している。日常生活でより意識的に消費するように設計されたコートハンガーは、長い間着用されていないと服が落ちる仕組みになる。水道水は、ボールを押すことによって量が事前に決められた水量しか使えなくなっている。照明スイッチは、部屋を出るときにハイタッチして消灯する。

The Portable Kitchen Hood

Maxime Augay
www.maximeaugay.com

THE PORTABLE KITCHEN HOODは、小さなキッチン用の換気扇。この小さな抽出器は、鍋が上がる前に、調理用の煙や蒸気を鍋の真上で捕まえる。取り外し可能で洗浄しやすい2つの異なるフィルターで浄化する仕組み。前面のオイルフィルターは脂肪を取り除き、背面の活性炭フィルターは空気を部屋に送り返す前にリサイクルする。持ち運び用のハンドル付き。

HEIMTEXTIL

IMM
COLOGNE

M&O PARIS
JAN

M&O PARIS
SEPT

Stockholm
Furniture Fair

AMBIENTE

Singapore
Design Week

MIART

SALONE
DEL MOBILE

NYC x
Design

ICFF NY

FORMEX

HABITARE

LONDON DESIGN
FESTIVAL

LONDON
DESIGN FAIR

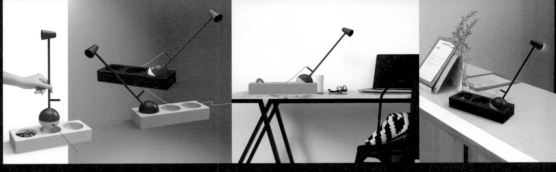

AXIS DESKTOP LAMP
Gal Bulka
www.galbulka.com

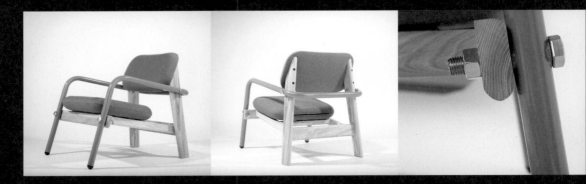

Billy Chair
Joe Smith
@joesmithdesign

CLÈO
Julian Ribler
www.julianribler.com

Piggo
Mor Dagan

Felicia Schneeweis
Upside Down
www.feliciaschneeweis.de

Elder
Johan Vilardrich

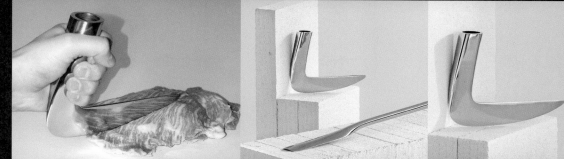

Floating Boxes
Aylene Ruschke
www.ayleneruschke.de

Ikat Credenza
INDO
www.indo-made.com

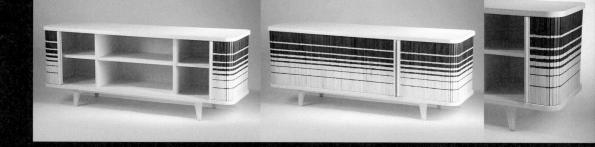

SALT
Bastian Thürich
www.design.udk-berlin.de

Wire
Anna-MariaNilsson
@annamarianilsson

HEIMTEXTIL

IMM
COLOGNE

M&O PARIS
JAN

M&O PARIS
SEPT

Stockholm
Furniture Fair

AMBIENTE

Singapore
Design Week

MIART

SALONE
DEL MOBILE

NYC x
Design

ICFF NY

FORMEX

HABITARE

LONDON DESIGN
FESTIVAL

LONDON
DESIGN FAIR

LEPPANEN Dining table
Riku Toivonen
www.rikutanelitoivonen.com

mahu
Kevin Gerstmeier
www.instagram.com/kevingerstmeierdesign

Onda
Jocavander Horst
@jocavdh

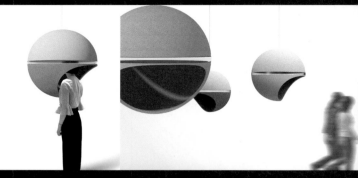

POP
Rongjie Yang
vicki.duan@x-work.com.cn

sessel 2018
Zohair Zouirech
www.zohair.de

GODBIT
Lena Ohmstede &
Larissa Siemon
www.larissasiemon.de

Paper tiles
Alice Guidi
www.a-gu.eu

Physical Sketchbook
Mu Hau Kao
www.muhaukao.com

SPL 3650
Peter Sorg

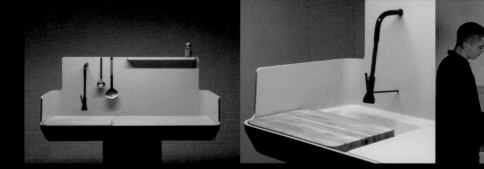

TSL Kitchen
Tanita Klein
www.tanitaklein.com

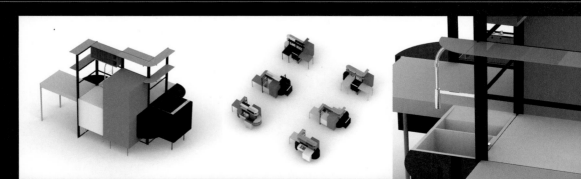

HEIMTEXTIL

IMM COLOGNE

M&O PARIS JAN

M&O PARIS SEPT

Stockholm Furniture Fair

AMBIENTE

Singapore Design Week

MIART

SALONE DEL MOBILE

NYCx Design

ICFF NY

FORMEX

HABITARE

LONDON DESIGN FESTIVAL

LONDON DESIGN FAIR

Future Kitchen

www.alfredo-haeberli.com

Future Kitchen：Alfredo Häberli のキッチンビジョン

スイスのデザインスターであるアルフレド・ヘーベリがプロデュースを手がけた、Future Kitchen。「キッチンは家の魂」と捉え、AR や VR、XR 技術を活用した新たなキッチン空間での人間生活を考察するイベントだ。LivingKitchen エリアでのアイコニック展示でもあり、この Future Design 形式の将来のキッチンとはどういう形に変化してゆくのかを示唆するイントラクティブなイベントとなっていた。160平方メートルのスペースは、キッチンを中心としたインテリア空間を演出していた。このビジョンは驚くほどの明快さと率直さが特徴で、キッチンの歴史を取り入れ、形からアイデアを抽象化し「Real and virtual／リアル＆ヴァーチャル」で表現可能なデジタル技術を使った空間案内が新しい。未来の家におけるキッチンの役割りとどのように変化してゆくのか？ 時代の変化に適応する企画展示を積極的に行っていた。

UDK Berlin Product Design

www.udk-berlin.de

Berlin University of the Arts ／ベルリン芸術大学のプロダクトデザイン課程、BAとMAの卒業制作を一挙に展示。未来を見つめる探求精神をテーマ「FUTURES」とし、「Material Futures,Digital Futures, Product Futures, Future Fusions」という4つのテーマ構成になっていた。サステイナブル素材、とサステイナブル技術とデザインの融合、デジタル系のアイデア、近未来のニーズを拾ったテーマなど、様々な作品が並んだ。また、外部のデザインエキスパート、他大学とのエクスチェンジなども積極的に行ったコラボレーションワークも目立った。

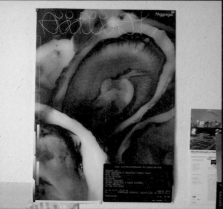

*Aggregat

#aggregatpassagen

テーマは「Analogue, digital, female, male, solid, fluid」

デザイナーとアーティストのポップアップ企画展で、家具とインスタレーションの交差する展示を開催。2人のキュレーター Jana Manfroid と Hannah Kuhlmann が立ち上げと演出を担当。Aggregat は、2017年の Passo Price Homo Ludens 展を皮切りに、2019年のケルンで開催される市街デザインイベントの PASSAGEN のオフィシャルプロジェクトになっている。境界の拡大と明確な構造の拡張に傾注し、デザイナーとアーティストによるエクスペリメンタルで実験的アプローチに特化している。特化したキュレーションコンセプトによって完成したオブジェクトやそのプロセスを味わうことが目的だ。

Generation Köln

www.instagram.com/generationkoeln

PASSAGEN の市街イベントは数十カ所で開催される。その中でも目立っていた若手デザイナー達のイベント Generation Köln。街外れの線路沿いの地下室で展示するいかにもケルンらしいポップアップイベントになっていた。参加デザイナーは、KAROLINE FESSER、KLEMENS GRUND、THOMAS SCHNUR、TIM KERP の4名。デザイナーをつなぐ共通テーマは、人、物、空間に対する関心。日々の生活全てがインンスピレーションであり、その集結した結果が今回の作品に反映されている。作品とプレゼンテーション空間の相関関係により、新しい視点が生まれ、それを楽しむことが出来る展示となっていた。

HEIMTEXTIL

IMM COLOGNE

M&O PARIS JAN

M&O PARIS SEPT

Stockholm Furniture Fair

AMBIENTE

Singapore Design Week

MIART

SALONE DEL MOBILE

NYC x Design

ICFF NY

FORMEX

HABITARE

LONDON DESIGN FESTIVAL

LONDON DESIGN FAIR

Maison et Objet
January 2019
メゾン・エ・オブジェ・パリ 1月展

www.maison-objet.com

Place: Paris Nord Villepinte exhibition centre, France
Date: 18 to 22 January 2019
Exhibitors: 2,910 / 2018 [2,729]
Visitors: 84,236 / 2018 [89,495]

メゾン・エ・オブジェ 2019 年 1 月展：新たなビジネスチャンスの場を提供する展示会

　メゾン・エ・オブジェでは、84,236人の来場者を迎え、うちフランスからの来場者数は46,356人、フランス国外からの来場者数は160ヶ国、37,880人に上った。フランス国外65ヶ国からの出展者の割合は62％水位。2018年1月展と比較するとわずかに減少しているが、数週間前からのフランスにおける社会的背景を鑑みると、来場者数は高水準をキープし、来場者出店者共に満足に至る数字となっている。2,910のブランドが最新のクリエーションを発表し、その内603ブランドが新規出展者。出展者によると、今季はビジネスの見込客を発掘したり、契約を結んだりすることのできる特に実りの多い展示会となっていた様子。

　前回の2018年9月展において開始された展示会内の展示者のリロケーションが今回の1月展において更なる改良が行われた。各ホールの編成が更に進み、より強固なものになっていた。特に、メゾンとオブジェの2つの軸を中心に編成を行ったことによりシンプルな動線となり、来場者にとって今まで以上に買い付けのしやすいレッドルートを増やし、ホール隅々にまで回遊させる導線を敷き詰める事で、分かりやすいホール構成となっていたと言える。バイヤーによっては、この刷新されたリロケーションにより、回遊スケジュールに時間が掛かる結果となる事も発生しているなど、変遷期における展示会の状況は様々だったと言える。

　常に刷新され続ける魅力を持ち合わせ、インターナショナルに富んだデコレーション、デザイン、ライフスタイルの業界関係者のコミュニティをまとめていく能力、ビジネスにおける影響力を確固たるものとしているメゾン。1年に2回、マーケットの関係者に、トレンドの場を提供し、成長を促進する役割を担っていることは間違いない。2016年からスタートした、初のデジタルプラットフォーム、MOM（MAISON&OBJET and MORE）では、定期的に配信される最新情報や週刊ニュースレターにより、業界の関係者には年間を通じてインスピレーションや情報提供を与えたり、互いにコンタクトを取ることを可能にしている。また、ソーシャルネットワーク上でも記録を達成し、インスタグラムのフォロワー数は60万を超え、フェイスブックのフォロワー数は50万を突破し、益々世界中から注目される展示会となっている。

Trend / EXCUSE MY FRENCH!

今展示会のハイライト「エクスキューズ・マイ・フレンチ！」

「海外のフランス人に対する好奇心が刷新された。それは、ある種の独特な魅力です」メゾン・エ・オブジェでは、国際的なスタイルとイノベーションのコンサルタントであるネリー・ロディ社と共に、毎シーズンその潮流を探求している。エクスキューズ・マイ・フレンチ！では、再び世界を席巻している「je ne sais quoi（ジュ・ヌ・セ・コワ／得も言われぬ魅力）」に代表されるようなフランス風のスタイルを讃えた。トレンドフォーラムにおいて行われたこの展示において、矛盾を育み、クラシックに捻りを効かせる非常にフランス的なアートの演出されていた。メイド・イン・フランスのブランドや新世代のクリエイターに見られるクリエイティブな熱狂にフォーカスし、空間として実現していた。リアルな展示空間に加え、トレンドムック本も刷新されていた。このトレンドブックにおいても、エクスキューズ・マイ・フレンチ！について、メインテーマに関しての詳細を紹介する専用のトレンドガイドブックとして重宝されている。2019年の1月展では、パリの老舗トレンドエージェンシー Nelly Rodi 社の VINCENT GRÉGOIRE が担当。

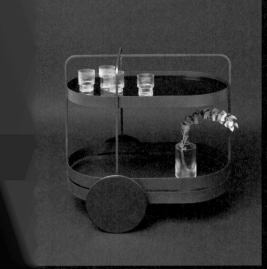

DESIGNER OF THE YEAR

近代性と伝統の境界を乗り越えるデザイナー

年齢は価値とは無関係。オッフェンバッハ芸術デザイン大学出身。ドイツ人デザイナーのセバスチャン・ヘルクナーは37歳で、国際的なデザインブランドとの多岐に渡るコラボレーションに着手（2018年中にモロソ、デドン、トーネット、およびリーンロゼなど、一貫したデザインワークで21件以上のプロジェクトを同時進行している）、過去10年間で30余りの様々なデザイン賞を受けた彼の革新的かつ伝統的な作品の再認識をする展示となっている。セバスチャン・ヘルクナーの驚くべきキャリアの成功例は、彼らの世代に向けてだけでなく、全世界へむけて発信するべき栄誉あることなのだと言える。2019年を代表するデザインシーンの新星セバスチャン・ヘルクナーにスポットライトを当てた展示になっていた。MAISON & OBJET は常に、独創性と卓越性に影響を与えるデザイナーを称え、栄誉あるデザイナーへのリスペクトという形で年に2回業界を通じて活躍するクリエイターを表彰している。

SEBASTIAN HERKNER /
セバスチャン・ヘルクナー
www.sebastianherkner.co

CRAFT

www.ateliersdart.com

Ateliers d'Art de France（フランス工芸家組合）のクラフト展示

工芸品の展示場である CRAFT エリア。今季はアトリエダールドフランスのメンバーである約200組のクリエイターの作品を展示。陶芸家、ガラス吹き職人、ジュエリーデザイナー、彫刻家など多数が参加。2018年以降、ファインクラフトの可能性を可視化し、新しい市場の課題に対応する意味を踏まえて、Maison et Objet 共同開催者の SAFI と協力して、この CRAFT セクター見直してる。工芸品の再認識にもとづいたセレクトは野心的でユニーク。今回も、建築家フィリップボアセリエが、テーマ別のパビリオン、食器、ジュエリー、ファッションアクセサリー、照明、家具、壁の小物、彫刻、コレクターアイテムなど、市場部門によるクラフトワークショップの創造的なオファーを集めた新しいシーンを手掛けている。併設する BOOKSHOP では、素晴らしい工芸品に関する例外的な本を販売したり、CAFÉ by CRAFT では、高級工芸品セクターの中心で休憩する息いの場所になっている。展示されているユニークな作品は、非常に個人的な創造の世界と、さまざまな技術の完全な習熟を駆使した作品で溢れている。1868年に創設された Ateliers d'Art de France（フランス工芸家組合）は、フランスの芸術および工芸産業分野の2,800のアーティスト、デザイナー、メーカーの振興および支援を行っている。また、Ateliers d'Art de France はメゾン・エ・オブジェ見本市の共同主催者でもある。本組合は、3箇所あるデザインショップ「Talents」、マレ地区中心にある「Collection」ギャラリー、バスティーユ地区の「L'Atelier」を通じて、組合メンバーを永続的に支援している団体。

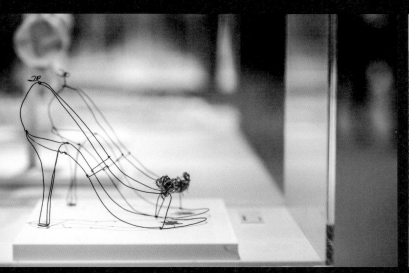

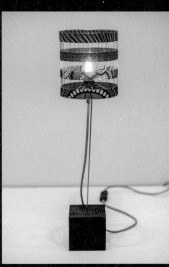

RISING TALENT AWARDS CHINA

A NEW IDENTITY／ニューアイデンティティー

FRANCK CHOU
www.frankchou.com

洗練されたデザイン思考で生み出された最新コレクション。伝統的な中国の竹製の椅子に触発され、最小限でありながら快適さを備えたミドルチェア。革、ウール、布のエレガントな組み合わせ。職人の手仕事を優先し、自由に組み合わせて使用可能なモジュラーコンボソファ。幾何学模様のスタックテーブルは、まだら加工された真鍮色はこだわりの仕上げ。建築と芸術性を融合させたテーマが伺える。

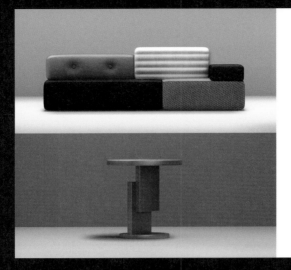

CHEN FURONG
www.wuu.im

WUU のコレクションは、イタリアの画家ジョージモランディの静物画に触発されたもの。インターロッキングによる調整が可能で、パーツごとに連動可能なコンポーネントになっている。合理化されたコンポジションとタッチセンサーのランプ。美しく洗練されたのアルミニウムモランディの花瓶。家具コレクションには、アルミニウムパーツを使用した洗練されたテーブルシリーズの Axis。ナチュラル材の天板に頑丈なアルミニウム脚を備えた大きな 2.1m x 1m ブループリントテーブル。

BENTU
www.bentudesign.com

Bentu の最新のコレクションは Terrazzo。セラミック廃棄物をリサイクルし、世界最大のセラミック産業の中心地である広東省の佛山市にて制作され、持続可能な家具産業の活性化に繋がっている。テラゾの元来の素材を実現し、コンクリート、石片の骨材、セラミック廃棄物を使用して制作されている。Yuan Plantpot や Tu and Planet Pendant Lamps シリーズはその最新デザインだ。同コレクションの一部である Bentu の磁器テーブルは、3つのサイズのテーブルトップと5つの脚の高さを複数の組み合わせからなるコレクション。

MARIO TSAI
www.mariotsai.studio

研究と持続可能性に重点を置いた MARIO
TSAI の tactile コレクションは、清潔でモダン
な美学を感じさせる。持続可能性と材料
研究によって生み出され新たなシリーズ。
アルミニウム管にヒントを得た Pig Side
Table や効率的にデザインされた Pure
Desk など、作品を通じて、過剰な材料の
使用を減らし、社会と環境の両方を改善する
ことに取り組んでいる。

HONGJIE YANG
www.hongjieyang.nl

中国出身で現在はオランダで創作活動中の
HONGJIE YANG。絶妙な作風は自然の
造形のような佇まいながら、綿密な調査と
手仕事による融合によって創造されている。
彼の作品は、崩れたように見えるがれき
のようなテクスチャーと鋭い線を組み合わ
せ、まるで惑星の遺物のような存在感を放つ。
合成アルミニウム製の Monolith Mirror、
Coffee Table、Bench は、有機的に機械
加工されている。原始的な歴史的背景から
始まり、よりスムーズでエレガントな未来へ
と向かう進化の物語を描いているようだ。

URBANCRAFT／XIMI LI
www.urbancraftdesign.com

上海ベースで活動する Ximi Li は Polytechnic
University of Milan 出身。現地では Andrea
Branzi などで就労経験を積んでいる。数々
の受賞歴を持つ URBANCRAFT のプロダ
クトライン。ステンレス鋼、革、オーク材を使っ
た Jiazhuang ドレッサーは、伝統的な中国
のジュエリーボックスにインスパイアされた
コレクション。シンプルでありながらエレガ
ントなステンレススチール、クルミを使った
ミラーシリーズの Yuan (circle) も新作で
リリース。テラゾ、ガラス、大理石製の By 3
TV キャビネットやコーヒーテーブルシステム
も今季の新作。

HEIMTEXTIL | IMM COLOGNE | M&O PARIS JAN | M&O PARIS SEPT | Stockholm Furniture Fair | AMBIENTE | Singapore Design Week | MIART | SALONE DEL MOBILE | NYC x Design | ICFF NY | FORMEX | HABITARE | LONDON DESIGN FESTIVAL | LONDON DESIGN FAIR

WHATS NEW?
Hall1_Hall2_Hall3

「What's new?」のスペースにおいては、Elizabeth Leriche、François Bernard、François Delclaux らトレンドセッター達による、500以上のブランドより1500種に及ぶ選りすぐりの最新プロダクトの展示を開催。ホール1、ホール2、ホホール3の全3カ所の会場入り口付近の特設会場で展開されている。1年前までの全体トレンドインスピレーションと区別され、出展社の最新作をその年のインスピレーションキーワードと共にスタイルや色彩区別によって展示が展開される。ここは言わば、最新作紹介の展示区画。ここに来れば、トレンドセッター達によって次のシーズンの買い付けに役立つ情報ソースとしての役目と、シーズンの潮流によってセレクトされた製品がメーカーの展示に行かずしてリファレンスとしてチェック可能な便利な機能だとも言える場所だ。

FRANÇOIS BERNARD
SHARE / FLAVORS - HALL 1
色彩と味の共感覚

この SHARE ／ FLAVORS の展示では、2019年1月に発表された料理系のエンターテイメントグッズに関して、5種類のFLAVORS ／味、SALTY ／塩味、SWEET ／甘味、BITTER ／苦味、ACID ／酸味、SPICY ／辛味を使って、色彩、素材、フォルムを元にセレクトされた企画展示を開催。味覚と色彩には相関関係がある：SWEET ／甘味はソフトパステル、BITTER ／苦味はキャベツグリーンやナスの色、SALTY ／塩味は白黒やコバルトブルー、SPICY ／辛味は赤とテラコッタ色、ACID ／酸味は黄色、緑、クリーム色。味と色彩を比喩の関係にした色彩設定にする事で、過去／現在／未来の色彩と味の関係が共感覚となた新たなクリエイティブ体感が生まれるという展示だ。

FRANÇOIS DELCLAUX
LEISURE - HALL 2

LEISURE ／余暇の展示では、3つのフィクショナルな自然環境をテーマにしたアプローチ。自然を中心にした典型的な土地や境地の在り方から展示環境を整えている：広がり、オープンスペース、エレメント／要素、ランドスケープ／風景。土地の特徴と色彩やスタイルに合わせた展示空間は3つ：Wood-Land は深い森、野生感、保護された自然環境。Ice-Land は、氷河、氷の土地、ノーザンライツ／オーロラ、霜。Sun-Land は、降り注ぐ太陽、エナジェティック／元気、トロピカルランド／南国。3つのユートピア、3つのインスピレーションは冒険で溢れている。

Ethnic Arty

ELIZABETH LERICHE
DECOR - HALL 3

Decor／装飾では3つのトレンドワードに基づいたライフスタイルを発表。家具、装飾、オブジェ、照明やテキスタイルにハーモニーを持たらす重要なスタイル。ミニマリスティックで魅惑的、ラグジュアリーで逃避行。Minimal Brutalist は、コンテンポラリーミニマリズム、エレメンタルシンプリシティー、ローマテリアル、建築的造形、彫刻的な形状、瞑想的な空間。Luxury Graphic は、旋律の色彩とパターン、枯渇素材との組み合わせ、アップデートされた遺産的佇まい、70年代のアールデコ調の感覚。Ethnic Arty は、多様性への憧れ、境界を超えた感覚、文化の融合、時代を超えた匠の技とクラフトマンシップ、素材と技術革新によって可能になったユニークでクリエイティブな進化スタイル。

HEIMTEXTIL

IMM COLOGNE

M&O PARIS JAN

M&O PARIS SEPT

Stockholm Furniture Fair

AMBIENTE

Singapore Design Week

MIART

SALONE DEL MOBILE

NYC x Design

ICFF NY

FORMEX

HABITARE

LONDON DESIGN FESTIVAL

LONDON DESIGN FAIR

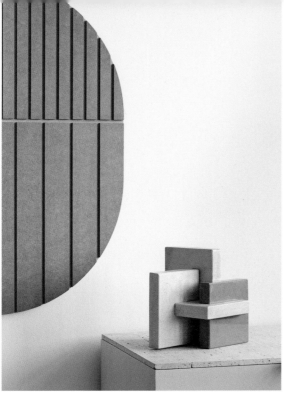

Kristina Dam Studio
www.kristinadam.dk

Kristina Dam Studio はデンマークのモダンオブジェクトブランド。彫刻的なミニマリズムスタイルを提案。インスピレーションはスカンジナビアと建築。きれいなラインと美しい素材の組み合わせによる独自のスタイルを追求している。「sculptural minimalism」が今季のテーマ。リミテッドエディションのイラストレーションでは、建築家 Jørn Utzon が手掛けた Mallorca の家や Mies Van Der Rohe の Barcelona Pavilion をモチーフにしたものをリリース。ホワイトグレー色のテラコッタのボウル、オーク材の Japanese Wood Borad、マーブルの組み合わせによる彫刻的なオブジェの ARCHI SCULPTURE を新作発表。

LA CHANCE
www.lachance.paris

Jan Plecháč and Henry Wielgus はプラハを拠点に活動するデザイン＆建築スタジオ。彼らが2018年に手掛けたキャビネットの BUMP シリーズに4枚扉の仕様が追加。特殊な亜鉛メッキ加工を美しい斑を作り出し、優雅でエクレクティックな黄金色の輝きを作り出している。約2年にわたる開発研究から製品化されている。フィンランド出身でロッテルダム在住の Jonas Lutz による新作の椅子 BLOCK。ブルータリズムの建築からインスパイヤーされている。

Michael Verheyden
www.michaelverheyden.be

ベルギーを拠点に、妻である Saartje Vereecke と共に活動している。素材にこだわった上質でエレガントで素朴なアプローチはハウスウェアのオブジェクト、花瓶やトレイなどを中心に構成されている。手掛けるプロダクトは、どれも究極なミニマリズムスタイルが特徴的で、ローカル職人との伝統的な仕事を中心に制作され、厳選された原始的な素材を活用。職人技術と素材の可能性を追求している。

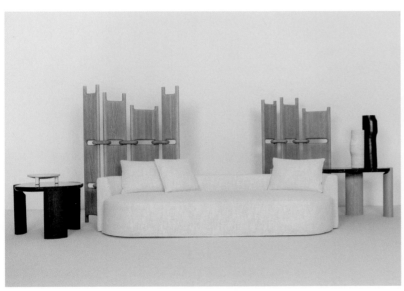

COLLECTION PARTICULIERE
www.collection-particuliere.fr

積極的に新作をリリースし、その実力を世界へ発信し続けている Paris を代表する家具ブランド。造形力溢れ、エレガントで上品なラインが特徴的な花瓶のコレクション BOS。曲線美の豪華で繊細な美しさが妖艶なソファ NOS シリーズ。OPE はブロンズ製と木製のラッカー色から選択可能なサイドテーブルコレクション。デザインはオーナーでデザイナーの Christophe Delcourt。パリ在住のプロダクトデザイナー Dan Yeffet によるサイドテーブルの Knot は、ウォールナット材とブロンズのコンビネーションが美しい。

L'OBJECT
www.l-objet.com

L'OBJET の創立者兼クリエイティブディレクターの Elad Yifrach は、イスラエル出身。ニューヨークに住む前に、ビバリーヒルズでインテリアデザイナーとして活動し、現在は世界的なブランドに成長し、ユニークなアーティストとのコラボレーションを行っている。LA のアーティスト、HAAS BROTHERS／Simon and Nikolai Haas との新作を展開。オブジェからダイニング系の小物。テキスタイルなど、新たなレーベルの拡充を図っていた。

HEIMTEXTIL
IMM COLOGNE
M&O PARIS JAN
M&O PARIS SEPT
Stockholm Furniture Fair
AMBIENTE
Singapore Design Week
MIART
SALONE DEL MOBILE
NYC x Design
ICFF NY
FORMEX
HABITARE
LONDON DESIGN FESTIVAL
LONDON DESIGN FAIR

ANNA BADUR
www.annabadur.de

Anna Badur は、実験的なアプローチに基づいて、製品シリーズと空間概念を元にしたアーティストコレクションをリリース。芸術とデザインの古典的な境界を打ち破る斬新なコレクション。新作の磁器シリーズでは、素材、形、パターンに対する繊細な感覚が特徴的。伝統的な下絵の色を使用した実験的手法は、スナップショットのような水の動きをキャプチャしている。波の動き、水滴、または蒸発した水たまりを連想させる。ある程度を偶然に任せることで成り立つ手法だ。生産は KAHLA Thüringen Porzellan。

SCP
www.scp.co.uk

SCP は英国で最も革新的で国際的に尊敬されている現代デザインの家具メーカー。UK において確固たる地位を確立している。ロンドンで最も優れたインテリアデザインショップの1つとして高く評価され、数多くのデザイン＆建築関係の受賞歴のあるメーカーだ。今回は Piet Hein Eek のソファコレクション Home を新作としてリリース。木製のバックフレームは曲線を描きながらソファの造形を形づくる美しいソファだ。自社コレクションはイギリスの Norfolk の工場で制作されている。

Moustache
www.moustache.fr

Paris の10区に新店舗を構え、益々その勢いに乗っている Moustache。新作も数多くリリース。Constance Guisset デザインによる Tabouret Canova は、trompe-l'oeil／だまし絵のようなスツール。ハンドメイド感を上質に残した彫刻的オマージュな製品。セラミックの柔らかさや滑らかさを活かして、動的な錯覚を取り入れたデザインだ。Jean-Baptiste Fastrez デザインの花瓶のシリーズ Allpa にはミニサイズも登場。Julien Colombier による壁紙の新シリーズ Krabi はプレリリースながらすでに話題に。

Handvärk
www.handvark.com

オーナーでデザイナーの Emil Thorup は生粋のパイオニア精神を持った若き実業家。デンマークの TV での司会者などの経験もあるユニークな人材だ。建築とデザインへの拘りからライフスタイルブランドを立ち上げている。上質感を優先し、デンマークの家具職人の手作業により仕上げられた家具やグッズは世界中から注目されている。現在は世界30カ国に約200のリテール契約を結んでいる。ノルディック感とバウハウスのエッセンスの兼ね備えたミニマルなスタイルが人気に。

Asiatides
www.asiatides.com

フランスのパリに拠点を置く Asiatides。製品の調達先は、アジア全体に及び、特にタイのバンコクを中心にリソースを展開している。アジアに潜む天才的な手作りの職人達によって制作される製品をセレクトして展示会販売を行っている。職人技術に敬意を表し、細部にこだわった製品を調達する巨大装飾品卸メーカーだ。多様化の源としてのアジアの歴史と伝統からヒントを得て製品化される多くのコレクションは Living Treasures として、ブラッシュアップされ世界市場へ供給されている。

CURIOSITY-PARIS
www.curiosity-paris.com

CURIOSITY-PARIS は、1930年代から1970年代の世界観を大切にするビンテージ家具ショップ。市街の小売店では、オーナーはデコレーター兼デザイナーの Jean Dange。小さな小売スペースには時代を反映したセレクトビンテージからビンテージライクのグッズまで幅広く扱っている。小売店は、永久的な進化の場として設計し、在庫は常時変化させて、ディスプレイと VMD にも力をいれている。4か月ごとにブティックを改装し、ヴィンテージ、エスニックピース、小物デザインアイテムをミックスした異なる雰囲気を作り出している。

Honoré Décoration
www.honoredeco.com

Honoré は南フランスのマルセイユに位置する製造小売店。南フランスの抜け感のある雰囲気が伝わって来るようなリラックスしたスタイルのブランド。南仏スタイルの代名詞のような透明感と素朴な素材感が特に強調され、今季の新作も、アイアンフレーム、流木、ラタン、レザーにテラコッタなど、ザックリとした味わいの素材感をユニークなセンスで組み合わせたミラー、照明類、フラワーベース、アウトドアファニチャーなどが揃っていた。

Sempre
www.sempre.be

アウトドアライフスタイルブランドのビックメゾンの Sempre。本拠地はアントワープ。製品の素材によって、ガラス類ならポーランド、セラミック類ならポルトガル、荒い仕上げの木工家具類ならインドネシアなど、世界にそのリソースを構えた製品供給体制を確立している。「土着した抜け感」のあるスタイルが特徴的で、現在は商業施設やオフィスなどの大口コントラクト需要に向けた商品開発に力を注いでいる。商談しながら自社ワインとハム＆チーズがとても良く似合う素敵なメーカーだ。

HEIMTEXTIL
IMM COLOGNE
M&O PARIS JAN
M&O PARIS SEPT
Stockholm Furniture Fair
AMBIENTE
Singapore Design Week
MIART
SALONE DEL MOBILE
NYCx Design
ICFF NY
FORMEX
HABITARE
LONDON DESIGN FESTIVAL
LONDON DESIGN FAIR

Maison et Objet
September 2019
メゾン・エ・オブジェパリ 9月展

www.maison-objet.com

Place: Paris Nord Villepinte exhibition centre, France
Date: 06 to 10 September 2019
Exhibitors: 2,762 / 2018：3,112
Visitors: 76,862 / 2018：76,502

インスピレーションと新たなビジネスチャンス

インテリアデザイン、ライフスタイルの業界関係者向けの国際的な展示会であるメゾン・エ・オブジェは、2019年9月6日から10日にかけてパリ・ノール・ヴィルパント見本市会場において開催され、出展者数2,762、実来場者数76,862（+0.5%）となり、参加者数は僅かながら上昇。今まで以上にシンプルな導線にする事で、来場者と出展社のビジネスマッチングがより効率的に図れる展示会を目指して開催された。メゾンとオブジェの2つの軸に基づくホール再編戦略が功を奏し、国際的に難しい経済状況の中、安定的な展示会プラットフォームを提供する結果となっていた。

2020年で25周年を迎えるメゾン・エ・オブジェは、世界のライフスタイルショーケースとしてのポジションを維持し続けている。今回の9月展では、最新のクリエーションを3,137ブランドを記録し、その内863ブランドが新規出展者、更に61%が69ヶ国に及ぶフランス国外からの出展者となり、この数字から分かるように、メゾン・エ・オブジェの国際的な側面はより拡大した形として現れている。

時代の潮流に合わせ常に展示会のイメージを刷新し続ける事で、クリエイティブに富んだブランドを惹きつけ、新たなトレンドを提案し、展示会を通して、将来に繋がるような有望なビジネスマッチングを図れる場であることに、この展示会の魅力の一つとして確立しているようだ。

デジタル上での市場確保にも余念が無い。年間を通じて強い存在感をアピールし続けている。2016年にリリースされたデジタルプラットフォームMOM（メゾン・エ・オブジェ・アンド・モア）では、15万人以上に及ぶMOM登録者に毎週インスピレーションに富んだニュースレターを配信。またSNS上のアカウントにおいては、9月展用Instagramアカウントのフォロワー数は70万超、Facebookのフォロワー数も54万3千となり、マーケットのリファレンス的存在となっている。

前2回の展示会における直接的および間接的な経済効果は3億5千万ユーロ以上と推定されているようで、年2回開催される1月と9月の時期には、イル・ド・フランス地方の観光関係者にも利益をもたらしているということのようだ。9月会期中においては、パリデザインウィークが開催され、10万人がパリの街を訪れたことにより、更なる相乗効果で展示会と観光市場の活性化を図っている。（パリデザインウィークは9月14日まで開催。）

LAURA GONZALEZ DESIGNER OF THE YEAR
今季9月展のデザイナー・オブ・ザ・イヤー
www.lauragonzalez.fr

建築家ローラ・ゴンザレスは、37歳にして、散りばめられた魔法のような空間デザインによって既にその名を知られている。近年では、海外にも活躍の場を広げ、自身により再解釈したクラシックスタイルを、様々なレストラン、バー、ホテル、ショップにおいて展開している。彼女の大胆なコンビネーション、古典主義とファンタジーを融合させたユニークなスタイル、彼女の奔放でありながらバランスの取れたイマジネーションの力で、クラシックなリファレンスをアップデートする独自の方向性で注目を浴びている。

INSPIRATIONS
WORK！
HALL6

今季の特別フォーカスは「WORK!」というテーマ。コントラクト関係者、出展者やプロジェクトを抱えて
いる企業に向けたコントラクト市場向けの展示を展開。近年、家具のデザイナーやメーカーは、ワークス
ペースのハイブリッド化に直面し、モビリティ、社会性、快適さ、カスタマイズ、柔軟性にフォーカスした
ラインナップを開発するために、一般的住宅やホテルの進化中の新たなスタイルを取り入れてきている。
この流れを組んだ形での新たなコントラクトセクションの確立を試みていた。展示スペースのディレクター
には Philippe Boisselier が就任。1200㎡の空間において、ワークスペースの空間デザインのための
クリエイティブなソリューションが提案＆展示されていた。また、一連のセミナーやレクチャーも盛んで、
厳選されたプロダクトや小物類の展示（シャンタル・アメイドによるセレクト）も開催していた。今後の成長
市場への明確なアプローチによる展示会活性化政策は更に新たな進化を求めて活性化していた。

MateriO'
www.materio.com

素材のオンラインデータベースサービス

8000以上の驚くべき材料 ID カードに加え、6000以上
のメーカーの連絡先とその詳細もフィジカルとデータで
提供する。仮想マテリアルライブラリには、MateriO'
チームが慎重に選択した一連のリファレンスがすべて含
まれている。このオンラインツールは、驚くほど直感的
で使いやすい独自の研究機能のおかげで、メンバーの
ニーズに対する広範な回答を提供可能になっている。
物理データベースとオンラインデータベースの両方が
毎日更新され、国際的な規模で最新の素材を追加する
ことで日々成長し続けている。

RISING TALENT AWARDS
USA

世界の特定の地域における新しいデザインの卓越性にスポットライトを当てる特別イベント。前回までのエディションでは、イギリス、イタリア、レバノン、中国での創造性豊かなクリエイターを紹介。そして今回、著名な審査員がアメリカのデザインを調査し、優れたスキルとタレント性を持っている6組の個人のクリエイターやデザイン事務所を選出した。

ALEX BROKAMP
www.alexbrokamp.com

BAILEY FONTAINE
www.baileyfontaine.com

オハイオ州シンシナティ出身で、配管士として働いていた祖父を見て育つ。彼のデザインの多くは、スピードバンプ、出荷用パレット、衣服が山積みになったランドリーライン、食品配達用トラックのグラフィックなど、風景に消えていく平凡で機能的なオブジェクトや印象に関連している。Brokamp の魅力的なインスピレーションの起源はここにある。彼の Bump mirror は、出発する前に、ユーザーが速度を落として自分を省みるためのものであったり、鏡面仕上げのアルミニウムパレットベースに小包のように配置されたガラスボックスの Handle With Care テーブルは、配送場に粗雑の積み重なって置かれている風景から想起さ

ベイリー・フォンテーンは、シカゴ美術学校で製品設計を学んだ後、ニューヨークに拠点を移し活動している。ニューヨークの街から受ける躍動感で震える思いを感じたと言う。彼の作品に忍び寄る直感的なインスピレーションはシカゴのそれとは全く違っていたようだ。「私はおそらく、自然の成り立ちからインスピレーションを得たと言っている10万人のデザイナーうちの1人です」小さな町コネチカットで育った23歳は控えめに説明していた。しかし、彼は現在ここメガロポリスニューヨークの怒号のヴァイブレーションと、そこで出会うユニークな環境や人々との間で感じる力強いエネルギーを独自のスタイルで

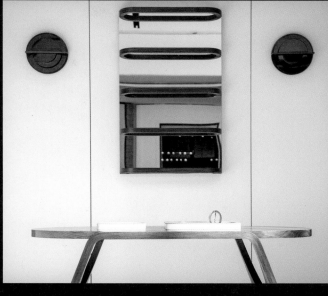

GREEN RIVER PROJECT
www.greenprojectllc.com

コレクションはさまざまな素材から作成され、それぞれ独自の方法で解釈された独特の雰囲気を醸している。アフリカのマホガニー（実際には、生タバコのような木材を望んでいた）、アルミニウム（クライスラービルに触発された）、竹（オージュラの南アジアの祖先へのオマージュ）が含まれる。2019年の最初のコレクションは、頻繁にコラボレーターを務めているファッションアーティストの Emily Bode によってパターン化されたコーデュロイで装飾されたコーヒー染色のダグラスモミで作られたスツールだ。また、彼女の友人による演出で、モミ、オーク、マホガニーのキャビネットなども製作している。

HAROLD
www.haroldharold.com

リラックスした感じ呼び名の HAROLD はブルックリンのデザインスタジオ。その名前からのイメージでは、ミッドセンチュリーのカーディガンのパイプ喫煙者を連想させるという理由だけではない。なんと奇遇にも代表の Reed Hansuld と Joel Seigle には、彼らの祖父に同名のハロルドがいた。この流れからデザインスタジオの名前に採用したんだと言う。2015年に設立された同社。木製家具を中心に製作し、レコードアルバム、ローテクな縁のためのセラミックプランターなどカスタム家具を製作している。

KIN & COMPANY
www.kinandcompany.com

「いとこ関係をビジネスパートナーとして強くお勧めします」と Kira de Paola は語る。彼女は2017年初頭に、いとこ Joseph Vidich とともにデザインスタジオ Kin & Company を立ち上げた。「夫婦間の感じや兄弟の感覚でも無く、心地よい親密さのいい関係です」38歳の彼女はカリフォルニア州出身、41歳の彼はマンハッタンで育ち、いとこ同士は家族のイベントで定期的にお互いを知り合う仲。デパオラが大学のためにニューヨークに移った後、彼らは連絡するようになり、ヴィディッヒは大学院の建築学科、デパオラは高級家具のデザインワーク。専門家同士の絆は家具の設計と製作に共通の関心を持つことになる。作品は鋼材がメインで、産業用シートメタルを2つの異なる方向に折り曲げたり、隣に立てかけたり、金属を逆に曲げてサイドテーブルや棚などを得意している。

ROSIE LI
www.rosieli.com

2011年に、当時ロードアイランドスクールオブデザイン（RISD）のシニアだったロージーリーは、彼女の論文プロジェクトを教員とゲスト評論家のグループに発表。作品はアーティストのフランク・ステラに触発された三角形の燭台で、照明デザイナーのリンジー・アデルマンはその作品に感銘を受け、それは発掘された。リンジーがその作品の写真を撮って、ニューヨークのデザイナー兼プロデューサーのジェイソン・ミラーに送った事から、ロージーリーのキャリアが始まる。ミラーは、彼の会社であるロール＆ヒルを通じてステラと呼ばれるランプを製造されることとなる。現在は独自のデザインスタジオで独立して装飾的な照明器具の設計と製造を行っている。

WHATS NEW?

HEIMTEXTIL

IMM COLOGNE

M&O PARIS JAN

M&O PARIS SEPT

Stockholm Furniture Fair

AMBIENTE

Singapore Design Week

MIART

SALONE DEL MOBILE

NYC x Design

ICFF NY

FORMEX

HABITARE

LONDON DESIGN FESTIVAL

LONDON DESIGN FAIR

CARE
by ELIZABETH LERICHE
「Wellness」の新たな可能性

ホスピタリティーの市場へのアプローチは常に変化し続けている。様々なスタイルや手法が進化しながら観測出来る中、寝室とバスルームの関係、スイートルームとカプセルのようなコクーンな空間の関係、密接な関係と友好関係の在り方など、ウェルネスの意味を環境と共に提案している。Simply Together はシンプルでミニマルなライフスタイルと実用性の関係とその空間。Mediterranean Craft は、経年変化の侘び寂び感、ブルータリズム、灼熱の環境、素材重視の素朴な雰囲気、クラフトマンシップ、エスニックボヘミアン。Deep Nature では、オーセンティックな本物感、荒らされていない自然環境、秩序のあるローカリズム、シェアリング、友好関係と断絶。City Ellegance では、静寂と洗練されたアーバンオアシス、グラフィック、歴史的影響を加味した色彩豊かなアプローチ、洗練された豊かな色彩、装飾的な世界観、ラグジュアリーな素材とクラフトマンシップや伝統的なアルチザンの仕事。

LIVING
by FRANCOIS BERNARD
Living under Artistic Influence ／芸術的影響下での生活

大量供給市場の時代は終焉し燻ってる。また中間層とハイエンド市場も、自ら逸話のような夢物語のアーティスティックで一点物のエクスクルーシヴな商品供給からも距離感を取ろうとしている。では現在の時代と空間と共に移行するインフルーエンスは何処に？　自然信仰／アニミズム、彫刻的美観、自然観、20世紀初頭の西欧モダンアート、全てに共通するのはユニークで一点物の限定感。この Art of LIVING のセクションでは3つの異なる提案を発表。Modern Living では、詩的な機能主義者の視点で捉えたジオメトリックで鮮烈な色彩の空間。Scuptual Living では、芸術家のような情熱の生き様とその真逆のカオティックな世界。Soft Living では、holistic ／総体的な考え方、自然に寄り添った感覚、テクノロジーの未来から想起される、和らげるような色相の世界を表現している。

SHARE
by FRANCOIS DELCLAUX
Art of gathering around a table／テーブルの周りに集まるということは何か？

比喩的な表現で考えた時のランチルームやレストランとは？　このSHAREと言う展示では、テーブルに集まって来る意味を再考し、その意味を可逆的に考え直す事で見えて来る真の意味を探求している。「集まると言うことは、集まらない事をしない」と言うような自己設問の上に、マキシマリズムとミニマリズムの両極感、強度感、無常観などをテーマにしている。時間を共に過ごすことや共有することは洗練された空間における気分の実験。ホテルやレストランでは、このような重要で強調された経験を供給する生きた空間体験。MIN/MAXでは、両極にある究極の空間表現を共に展示する事で実現された展示だ。

WORK!
by CHANTAL HAMAIDE
The workplace revolution : new living spaces

近年、家具のデザイナーやメーカーは、ワークスペースのハイブリッド化に直面し、モビリティ、社会性、快適さ、カスタマイズ、柔軟性にフォーカスしたラインナップを開発するために、住宅やホテルの様式を取り入れている。ここでは、専用の1.000平米のゾーンで展示と展開。仕事関連の設計ソリューションを提供するすべての出展者の取り込みを目的にしたものだ。Chantal Hamaideによってキュレーション、Philippe Boisselierのステージングで構成。新しいワークスペースに個性を追加する家具、小物アイテム、アクセサリーなどを展示し、また同スペースではWORK!専用のカンファレンスプログラムも開催。ミーティングスペースとしても関係者に解放しており、最新機器やスタイルの家具製品に落ち着いて直接触れる機会も設けている。新しい社交的なワークスペースの進化を体感出来る展示空間となっていた。

TRANSPARENT SPEAKER

HEIMTEXTIL

IMM
COLOGNE

M&O PARIS
JAN

M&O PARIS
SEPT

Stockholm
Furniture Fair

AMBIENTE

Singapore
Design Week

MIART

SALONE
DEL MOBILE

NYC x
Design

ICFF NY

FORMEX

HABITARE

LONDON DESIGN
FESTIVAL

LONDON
DESIGN FAIR

HK LIVING
www.hkliving.nl

今季の新しいスタイルトレンドは「throwback into ancient times ／古代に思いを馳せて」全体のメインテーマはギリシャ神話の時代にスポットライトを当て、古代のギリシャ神話、古代の建築のモチーフ、神話の神々、ジオメトリックな造形、ローマ時代の建築に使われていた屋根、柱、床などの素材の組み合わせやパターン。また最新作の別バージョンでは、70年代の懐古主義からイメージしたセラミックのデザインなども取り入れていた。

101 COPENHAGEN
www.101cph.com

デンマークのインテリア家具ブランドの101 COPENHAGEN。前年からリリースし始めた花瓶やベースなど、彫刻的なセラミックシリーズが好調に。原始的でジオメトリックなフォルム、素朴で味わいのある仕上げ感が人気を博している。仕上げは全てハンドメイドで慎重に行われ、手触り感が作り出す陰影の奥行きのある佇まいあるコレクションだ。一部の照明や小物家具などにも種類は違うか、同じような奥行きを感じる仕上げを積極的に取り入れている。

Kok Maison / ORCHID EDITION
www.kokmaison.com www.orchid-edition.com

KOK メゾンは1926年創業のラタン家具に特化したファミリービジネス。創業者のピーター・コク。その後受け継がれた娘によって2018年の終わりに新たなブランドを確立した。それがニューレーベルのOrchid Edition。ラタン家具のグレードアップをデザインでさらにブラッシュアップしたコレクションだ。ラタンの伝統工法を確かに、モダンで現代風にアレンジされた、自然素材で趣のあるスタイルが特徴的だ。ラタン家具を知り尽くした職人技が光る製品を送り出している。

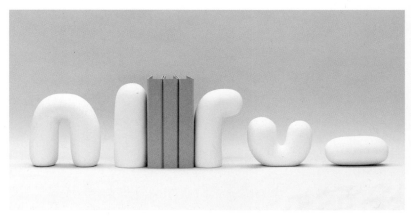

tf design
www.tinafreydesigns.com

ティナフレイはサンフランシスコのレジンを使ったインテリア製品のブランド。オーナーでデザイナーのティナ自身が全てのデザインを監修し、彼女独特の流線型でアンニュイなシルエットラインは青い海を連想させる。一方、各オブジェの有機的な輪郭は自然の曲線を想起させる。彫刻的なコレクションは、シンプルさ、ミニマリズム、機能に焦点を当てたアイデア。製作は粘土で彫刻後、金型が作成され鋳造で製作される。各ピースは手研磨きで仕上げられ製品化されるユニークピースだ。

Ames
www.ames-shop.de

世界を駆け巡る人気デザイナーのSebastian Herkner ディレクションによる新作が数多く登場。ames のオーナー Ana Maria Calderón Kayser とのコロンビアへの発掘の旅によって開拓された様々な伝統クラフト技術を活用して、新たなコレクションを生み出している。今季はインドアファニチャーにフォーカスしたコレクションをリリース。カーペット、ミラーから新色使いの家具コレクションまで幅広く発表。Pauline Deltour デザインのミラーシリーズ killa は姿見も登場。

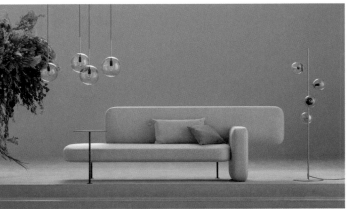

BOLIA
www.bolia.com

2018年のコレクションよる持続可能製品に力を入れ始め、今回もサステイナブルな製品品質、製造工程、素材を拡充してきている。スカンジナビアの新しいデザインを解釈し、約30人以上の国際的なデザイナーによってデザインされる製品は、年間2つのデザインコレクションでリリースされている。生産の90%はヨーロッパ各地で生産され、特定の顧客のニーズや要望に合わせてカスタマイズするビスポークも可能になっている。デンマーク、ノルウェー、スウェーデン、ドイツ、スイス、ベルギー、オランダ、フランスに58のデザインストア小売店を持ち、すべてのEU諸国にオンラインオプションを構え、世界中に約500以上のディーラーをもつ。オンラインビジネスから始まった商売体系だ。

Frama
www.framacph.com

Framaは、デンマークのコペンハーゲンを拠点とライフスタイルブランド。家具、アクセサリー、照明、実店舗の空間体験など、インテリアグッズのみならず、ウェルネスやリトリートなども盛んに手掛けているマルチタスクブランドだ。自然素材と細部にまでこだわったデザインにより、美的感覚に陶酔するファンは多い。創造力豊かなその表現スタイルはタイムレスで素朴な感覚を大切にしている。伝統的なものと現代的なもの、感情的なものから実用的なもの、自発的なものから意図的なもの、最後にそれらを総合的に網羅するテーマで進めている。Paris市街にはすでに、FRAMAオーナーのNiels Strøyer Christophersenと専属デザイナーのCassandra Bradfieldによるスモールミュージアムのような新ショウルームが2018年に誕生している。

oddness

www.oddness.nl

oddness はオランダのデザインブランド。奇数な造形物を得意とするインテリアプロダクトのレーベル。今までに有りえなかった生産方法でランダムで風変わりな美しさの製品を生み出している。Bubblegraphy は、魅惑的な仕上げのユニークなシリーズ。釉薬に気泡を吹き込んでバブル化させ、それを特別なプロセスによってセラミックに定着、焼成させている。コーティングは3次元のローテーションを活用して施される為、各花瓶のグラフィックは一回ごとのユニークな作品に仕上がっている。

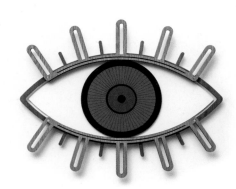

Umasqu

www.umasqu.com

Umasqu のデザイナー兼クリエーターは Tzachi Nevo。2015年にスタートしたユニークでモダンな壁の装飾ブランド。人間の顔や動物の頭などの身近な画像の3次元デザインを始め、キーワードによって変化する様々なアイデア、例えば、ミッドセンチュリーモダン、スチームパンク、キュービズムをモチーフにしてお面の製作をきっかけを得ている。最新のモダンアフリカコレクションは、アフリカの偉大な伝統的マスクと、そこに内在するリアリズムをモダンに表現したシリーズになっている。

pulpo

www.pulpoproducts.com

Ferréol Babin デザインのセラミック製のトレイ LAKE シリーズは、湖、山、建築などからヒントを得たアーバンランドスケープがコンセプト。mila bowl シリーズの特徴は円形と四角形のフォルムを融合させたセラミックの製作技術の限界に挑戦する製造手法出来ている。Design:Sebastian Herkner スポンジを釉薬に浸して焼成される neolit コンテイナーシリーズ。Design:STUDIO FURTHERMORE

HEIMTEXTIL

IMM
COLOGNE

M&O PARIS
JAN

M&O PARIS
SEPT

Stockholm
Furniture Fair

AMBIENTE

Singapore
Design Week

MIART

SALONE
DEL MOBILE

NYC x
Design

ICFF NY

FORMEX

HABITARE

LONDON DESIGN
FESTIVAL

LONDON
DESIGN FAIR

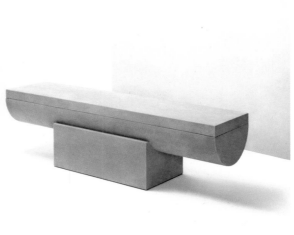

GIOBAGNARA

www.giobagnara.com

パリのインテリアアーキテクト Stéphane Parmentier は2016年より GIOBAGNARA のクリエイティブディレクターに就任。彼のディレクションによって実現化されたコレクションは数多くのデザインを受賞している。前作の続き、新作の家具を多数リリースしていた。彼の特徴的なデザインスタイルは luxurious simplicity と称され、シンプルさと豪華さの融合されたデザインの方向性が受けている。

TOULEMONDE BOCHART

www.toulemondebochart.fr

40年の歴史をもつカスタムカーペットの専門メーカー。インテリアアーキテクト、デザイナー、建築家、デコレーターなど、プロフェッショナル達に愛されるブランドだ。伝統ウィーバー／編み師として仕事、を追求し、この品質を最善に追求することで、ラグの品質を高めている。 新作としてはオーガニックのザクロやインディゴなどを使ったベジタブル染めのラグのコレクション Design:LAURENT MAUGOUST や、ヴィンテージ感のあるジオメトリックデザインが人気だった SONIA RUG シリーズ Design:Florence Bourel 手織段通のウール100％製。

Vincent Sheppard
www.vincentsheppard.com

1992年創業のベルギーのアウトドアメーカー Vincent Sheppard。スチールフレームの構造
にペーパーコードを硬く編み込んで手作りで製作される技術を得意としている。生産はほぼイン
ドネシアの自社工場で専門の職人によって製作されている。新作のチェアーシリーズ Kodo は、
大型の一人掛け椅子やソファもリリース。こちらはモダンデザインで、フレームはアルミニウム
でナイロン製のグライド紐で製作されている。Design:studio segers

Fermob
www.fermob.com

フランスのアウトドア系家具メーカーの大手と言えば Fermob。新作と全モデルに使用可能な新色のスキー
ムも発表していた。ラウンド、スクエアー、長方形の3種類のデザイン、から5種類の高さと7種類のサイ
ズが選択可能な活用の幅が広がるユニークな小物家具の BEBOP シリーズ。アウトドア用の照明シリーズ
の MOOON! は3種の高さが用意され、全て USB 充電で持ち運びが自由に。Designer:Tristan Lohner

Paris Design Week 2019

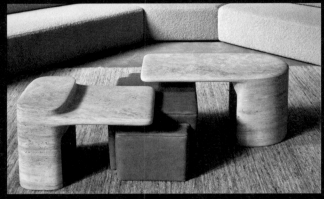

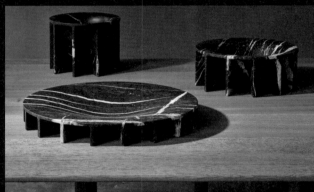

COLLECTION PARTICULIERE

www.collection-particuliere.fr

Dan Yeffet デザインのローテーブルの新作 FORMATION。ローマの石材でも希少なトラバーチンを贅沢に活用した彫刻的佇まいのテーブルシリーズ。ブロンズ製のフラワーベース LEAF は 2 種類のサイズを用意。無骨なまでの素材の質感を極限まで引き出して仕上げられている。円形のボール状で複数の連続構造の脚部が美しいボールのシリーズ Ray。ローマントラバーチンかローレントマーブルが選べる。
Design : Grégoire de Lafforest

STUDIO NOCC at Nelly Rodi

www.nocc.fr www.nellyrodi.com

Studio NOCC はパリで活動する三人組のインテリアアーキテクト。Juan Pablo Naranjo、Jean-Christophe Orthlieb、Andy Géhin。彼らが 3 年掛けてリノベーション（2018年10月完成）したパリのトレンドラボ Nelly Rodi 事務所の一角でポップアップイベント開催。彼らの仕事の歴史10年をさかのぼる「10 x 1年」のインスタレーションを行なっていた。この場所は、現代的でありながら時代を超越した美学に焦点を合わせリデザインされた非常にレアなプロジェクト。NOCC はラインとカーブの完璧なバランスを空間に組み込み、Nelly Rodi 事務所の仕事の場でもあり、生活、交流、会議の場でもあるスペースを機能的でモダンに仕上げていた。

HEIMTEXTIL
IMM COLOGNE
M&O PARIS JAN
M&O PARIS SEPT
Stockholm Furniture Fair
AMBIENTE
Singapore Design Week
MIART
SALONE DEL MOBILE
NYCx Design
ICFF NY
FORMEX
HABITARE
LONDON DESIGN FESTIVAL
LONDON DESIGN FAIR

1000 Vases

www.1000vases.com   www.meetmyproject.com

Meet My Project の主幹でイタリア人建築家 Roberto Baciocchi が世界各国から
若手デザイナーの1000個のフラワーベースをキュレーションしたアートプロジェクト。
大胆にディスプレイされる作品同士は時として共鳴し合う。アイコニックなデザインの
集まりが奏でる暴力的なまでのハーモニーは、一見の価値が上がる。総合的に大きな原動
力となって人々を感動させていた。感情的に襲って来る最新作の数々は、時間を忘れる
程の展示だ。多様性を意識し、同時に個々のエッセンスを大きく凝縮した展示となって
いた。

Formes Libres sous Influence - Anaïs Junger

www.anais-junger.fr

テーマは「Free shapes under influence／影響による自由な形」Anaïs Junger が目を付けたのは
精密機械などに使用されるスチール製の金型。そのユニークで実用性のあった金型を企業から借り、
得意である手吹きガラス整形の手法を使って実験的な製作を試みていた。「使用期間を終えた金型を
企業から譲って貰う事が一番大変だった」と漏らしていた彼女。数百件の問い合わせで1件見つか
るかどうか？というチャレンジだったそうだ。「革新的なオブジェクトは、人間の冒険から生まれます。
工作機械と人間の手との相互作用。それらは、型による制約の表現であり、素材上で、ガラスを吹く
ことによって生まれる自由の衝動なの」。

HEIMTEXTIL
IMM COLOGNE
M&O PARIS JAN
M&O PARIS SEPT
Stockholm Furniture Fair
AMBIENTE
Singapore Design Week
MIART
SALONE DEL MOBILE
NYC x Design
ICFF NY
FORMEX
HABITARE
LONDON DESIGN FESTIVAL
LONDON DESIGN FAIR

Stockholm
Furniture & Light Fair 2019
ストックホルム・ファニチャー & ライト・フェア2019

www.stockholmfurniturefair.se

Place: Stockholmsmassan, Stockholm, Sweden
Date: 5 to 9 February 2019
Exhibitors: 700 / 2018 (700)
Visitors: 42,000 / 2018 (40,000)

国際的なデザインシーンで成長する力

ストックホルム家具&ライトフェアは、スカンジナビアデザインの世界有数のイベントとして成長し、世界的にも認知度の高い人気の展示会に成って来ている。今年の見本市の訪問者のうち、海外来場者は31.5%は99か国。国際的なデザインシーンでの地位をさらに強化してきているこの展示会。海外からの訪問の割合は昨年と比較して0.5％増加。訪問者は、ノルウェー、フィンランド、デンマーク、英国を中心とする99か国から集まっている。

同時期にストックホルム市街で開催される「ストックホルムデザインウィークへ」の関心も高まっており、こちらもHP上での正式登録されたイベント数も約427（公称2018年200箇所）イベントを開催する流れになってきている。年々来場者、展示者も増え続けており、今年も市内全体で記録的な数のイベントが開催されていた。ただし、イベントやポップアップは複合して換算する事もあるので、実質数は3割位が妥当な数だと思われる。

ストックホルム家具&ライトフェアおよびストックホルムデザインウィークのイベントマネージャーであるCecilia Nybergは、次のように述べている。「私たちが国際的なデザインの中で成長し続けているのを見るのは楽しみです。国内外の訪問者および出展者から受け取ったすべての肯定的な印象に非常に満足しています。フェアの質の高さとオープンで快適な雰囲気について多くの人がコメントしています。ビジネスのミーティングポイントとして、重要な社会的機能も果たしている言っていい筈です。ストックホルム・デザイン・ウィークを設立するための努力を惜しまず、フェアへの訪問を誘致するための

コンテンツを積極的に追加し、ストックホルムのデザインシーンの目的地を確立すること目指した努力が素晴らしい結果を生み出しましたと思っています」

業界で最も注目されるデザイナーを招待し、環境演出をする「GUEST OF HONOUR」、ストックホルムの国立博物館のリニューアルにあたり新作されたコレクションを紹介する「NM&. A New Collection」、レストランとカフェ、セミナー会場を巨大なサロンのように演出した「Design Bar」、若手デザイナーを集結させた総合展示のイベント「Greenhouse」、企画展が数多く用意されている。デザインや建築の専門家を招いて行われるトレンドレクチャーやセミナーも多く開催。展示会での優れた展示ブースや、商品などを表彰する「Editor's Award」など。スペシャルイベントを充実させ、来場者、展示者のお互いにとって、業界内で現在起こっている動きを明確にするきっかけづくりを推進している。展示会全体の質の向上のためだけではなく、スカンジナビアインテリアデザイン業界全体の強化を目指した業界活性化を精力的に行なっていた。

スカンジナビアの家具と照明デザインに関する世界有数のイベント。国内外の訪問者は、スカンジナビアの家具、オフィス家具、デザイン、テキスタイル、照明、その他の家庭用家具と公共スペース用のインテリア家具を幅広く取り揃え、毎年安定的にその進化を遂げている。ストックホルムデザインウィークも、ストックホルム家具&ライトフェアと並行して開催され、展示会場で開催される固定的なアイコン展示会と市街各地で開催される期間限定のイベントは、世界中のデザイン関係者から注目され続けている。

NM&. En ny samling/ A New Collection
www.nationalmuseum.se

2018年の10月にストックホルム国立博物館のレストランとカフェがリニューアルされた。これを機会にミュージアム用に特別にデザインされた家具、調度品、アクセサリーなど、国家プロジェクトによるデザインアイコンの製作に関わる展示を開催していた。レストランスペースのコンセプトを設計したのはTAF Studio、Carina Seth Andersson、StinaLöfgren。コラボレーターとして参加したのはMatti Klenell。お互いの密接なパートナーシップによって綿密に擦り合わせ、実現されたインテリアデザインアイコン。全ての製作に関わるプロセスや素材、こだわりなどを伺える貴重な展示となっていた。

Guest of Honor 2019

Neri&Hu
www.thepractice.neriandhu.com

今季のゲストは、数々のデザインアワードの受賞歴を持つ中国の Neri & Hu (学際的な建築設計業務所) 創設パートナーである Lyndon Neri と Rossana Hu は、展示会場のエントランス中央部の大空間にて、建築空間のインスタレーションを行なった。今回が16回目のイベントとなり、このフェアーでのアイコニックな展示となっている。尊敬される国際的なデザイナーまたは建築家を招待して開催されている。中国も開発の波が押し寄せ、消えてゆく街や村と人との繋がりが消滅しつつある。上海の路地からインスパイヤーして実現された空間演出になっている。ディスプレイされている家具や調度品は彼らの関わった建築モデルやデザインを手掛けた作品になっている。

Temperament
by Sahara Widof
www.acnestudios.com

デザイナー兼クリエイティブディレクターの Sahara Widof の特別展示 Temperament ／気質・機嫌。この展覧会は、現代的なスカンジナビアのデザインとインテリアアーキテクチャの抱える温感／温度を探ることを目的にしている。彼女は Acne Studios のクリエイティブディレクターを務めるアーティスト肌のクリエイティブパーソンだ。彼女のクライアントリストには、アレクサンダーマックイーン、アンソフィバック、スヴェンスクテン、ロデビアなどの大手ファッションおよびデザイン企業が多い。また、ストックホルムハウスオブカルチャー、ミラノサローネ、最近オープンしたスウェーデン舞台芸術美術館などの展示セットデザインも作成している。

「私の仕事では、多くの場合、頼りになるストーリーが必要です。架空のシナリオまたは矛盾する状況、オブジェクトの重量と履歴の感触。どの部屋にもそれぞれの詩があるのに興味があります。誰がそこにいたか、またはそこに居なかった、空間がどのように適応し、変形または歪んだりするか。私が今回インスパイヤーするのは、幼少期の頃の家、特別な公園、記憶にあるドアハンドルの感触や指先メモリー」

「家の中には、多くの思い出がある。漁網、作業用ズボン、部屋に合わない素敵なカバー、細断された孤独な靴下で。長年の汚れ、コーヒーの溢れたあと、色々な汚れ、ぼろ布、過去の歩きあと、踏みつけ、シワ。私は、家「内側の部屋」が夢と幻想のための安全な場所であると想像してみました__

今回のコンセプトはより親密で閉じられた空間、つまり発見されて開かれることを待っている秘密の空間に対して反映されたオープンな展示スペースを実現すること。原始と永遠の両方を感じながらも、その時代によって常に色付けされた物質的なファンタジーを目指している。さまざまな素材の感触と、それらをどのように変換できるかが、最も魅力的である事を、この展示を通して伝えようとしていた。

HEIMTEXTIL

IMM
COLOGNE

M&O PARIS
JAN

M&O PARIS
SEPT

Stockholm
Furniture Fair

AMBIENTE

Singapore
Design Week

MIART

SALONE
DEL MOBILE

NYC x
Design

ICFF NY

FORMEX

HABITARE

LONDON DESIGN
FESTIVAL

LONDON
DESIGN FAIR

FRIENDS FOUNDERS

www.friendsfounders.com

新作は拡張性を重視したコレクションの家具、照明のをリリース。展示環境はデザイナー兼建築家の Ida Linea Hildebrand によってキュレーションされ、新たな物語と哲学を伝える2019年のテーマ「ARC ／弧線」線の持つナイーブで詩的な感覚をプロダクトに落としている。重要な要素は「全体」を反映した、異なる視点を持つ、フラグメントした世界。新作には、現代的なフレームをいかに古典的で幾何学的に融合させるかにこだわり、建築要素がいっぱいにつまったアプローチが特徴的。エレガントで自信溢れる力強いラインの NOVEL チェアー。テキスタイルの組み合わせが自由に可能。パイプフレームが美しい FF チェアーは BAUHAUS の流れを意識した原点回帰の実用的ミニマルデザイン。照明の PARIS PARIS は、クラシックスタイルの帽子からインスパイヤーしたもの。

Bla Station

www.blastation.com

2017年の発売以来、名誉ある賞を獲得し続けている BOB シリーズに新作が登場。Stefan Borselius と Thomas Bernstrand のコンビによるデザインは大成功を納めている。オフィスワーク環境向けのボブ・ジョブはボブシリーズに照明や USB、電源機能を大幅に追加。そしてボブ・ホームでは、深めでソフトな心地を同じデザインで可能にしたもので、カフェ、バー、ラウンジ、レストランやレジデンス向けにも活用可能なソリューションで対応している。Röhsska チェアーシリーズも新作で登場。Fredrik Paulsen は、フラットパック可能な構造にこだわり、それをこの椅子で実現。フレーム材には Skåne 地方の樹齢150年のビーチ材を使い、座面と背座にはスウェディッシュパイン材を使用したモデル。

KALLEMO

www.kallemo.se

1981年創業のシャレモ。スウェーデンの巨匠デザイナーヨナス・ボーリンと共に誕生した家具ブランドで、比較的歴史は新しいが、北欧デザインの中でも特化してアバンギャルドで挑戦的なアプローチによるデザイン思想の作品を送り出している。アーティーな DNA が脈々と流れている、ユニークなブランドだ。スチール製のハンガー AL DENTE は LAST スタジオデザインによる新作。5種類のモデルに Wheat、Tomato、Spinach、Sepia の4色展開。Mats Theselius デザインの ARMSTRONG チェアーは、アルミニウム製でアームレストには白木のバーチ材を使用。BOTERO はストックホルム国立博物館のレストランの為にデザインされた椅子 Design:Matti Klenell and Peter Andersson。David Ericsson デザインの SAFARI や Kristoffer Sundin デザインのスツール ÅRSRING も新作で登場。

massproductions

www.massproductions.se

3次元立体成型の新たな技術で可能になった椅子の Rose シリーズ。大型リアルスケース3D プリンティングでの幾度と無い試作を安価に繰り返す事で、本来の雛型コストを大幅に削減可能になる。この椅子の名前はオーナー兼デザイナーでもある Chris Martin の娘さんの名前を使った、思い入れのある製品になっている。2010年にデザインされた Waiter チェアー。この椅子の XL サイズを時代に合わせてリリース。さらに心地よく、大きなこのモデルにはアームレストもつくが、このアームもレストランやダイニングでのテーブルの下に椅子を滑り込ませる高さで、心地よさを保ちながら絶妙な高さに調整されている。

Choice

www.madebychoice.com

フィンランドのヘルシンキ拠点に世界的に活動し始めた新たな家具レーベルの Choice。
Harri Koskinen デザインの NUDE ダイニングチェアーなど 2018 年から積極的に世界市場にアプローチが始まっている。今回はイラストレーターの Anna Salmi に展示会用のグラフィックのコラボレーションなど、コラボレーションにも余念が無い。新作の Kolho チェアーはユニークなデザインで、直線と蛇行した形状で構成され、この蛇紋で表したかった意味とは「理性の平面を支える誘惑とカオス」だそうだ。Design:Matthew Day Jackson

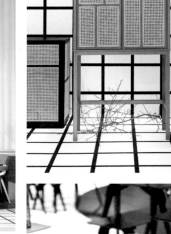

Design house stockholm

www.designhousestockholm.com

デザインハウスストックホルムは、人々の考え方や生活のスタイルを確変させるようなデザインアイデアを盛り込んだ製品づくりを提案している。長年にわたって培った経験のもと、自由で遊び心ある生活空間と作業空間を提案している。60 人以上の独立した世界中のデザイナー達とのコラボレーションで生み出される製品は、毎シーズン提案されている。出版社の編集者と同じような動きでデザイナーやクリエイターと連携を図り、最善策から生み出されるデザインをモットーに商品開発を心がけている。ユニークなスカンジナビアンブランドとして確立したユニークレーベルとして進化し続けている。

OFFECCT
www.offecct.com

David Trubridge はニュージーランドのデザイナー。OFFECCT との２回目のコラボレーションで製作したのは David Trubridge はまるで彫刻のような造形のベンチシート Waka。その佇まいは、優しさと静けさを兼ね備えた魅惑的な感覚を覚える。会議や休憩のための場所には最適で、しばしこの椅子に腰かければ心は安らかに漂う。Waka は出来るだけ造形面の違和感をなくす為、床面に近くデザインされ、その一体型のフォルムの美しさを強調する仕上げになっている。魅力的な造形で、座ると言うよりは、高度でシンプルなデザインのフォルムは、座席が代わりの彫刻物という感じだ。

David design
www.daviddesign.se

数多くの新作で展示ブースを一杯にしていた David design。新たなデザインコラボレーションは UK の Pearson Lloyd、Bonpart、Claesson Koivisto Rune、Superlab、Mattias Stenberg、Lars Hofsjö、Daniel Enoksson and Axel Bjurström。モジュラーソファシステムの DOTS は、円形のソフトなフォルムが印象的。フレームのサポートによって無限の組み合わせが可能。Pearson Lloyd デザインの T.able は、アウトドアでもインドアでも使用可能なアルミ製の T 型フレームを導入している。MARIGOLD シリーズは花のマリーゴールドの花びらをモチーフにしたデザイン。テーブルのベース、壁付けの照明やペンダントランプなどに活用されている。

HEIMTEXTIL

IMM
COLOGNE

M&O PARIS
JAN

M&O PARIS
SEPT

Stockholm
Funiture Fair

AMBIENTE

Singapore
Design Week

MIART

SALONE
DEL MOBILE

NYC x
Design

ICFF NY

FORMEX

HABITARE

LONDON DESIGN
FESTIVAL

LONDON
DESIGN FAIR

Stolab
www.stolab.se

スウェーデンの椅子老舗メーカーといえば Stolab。数々のアイコニックな椅子を作り続けている。今季の新作は LINK LOUNGE EASY CHAIR。50's のヴィンテージ感と現代風なモダンフィーリングを融合したスタイルの椅子だが、その詳細に渡る製作のディテールには目を見張るものがある。細部に行き届いた優しい木部の仕上げなど、心踊らされる逸品となっている。Design:DAN IHREBORN 1942年に CARL MALMSTEN によってデザインされた WIDEMAR チェアーを若手デザイナーの JULIA GREEK が現代的解釈でリデザイン。細部に尊敬の念を感じさせ、オリジナルの美しさをそのままに、新たなニューアーカイブの誕生を祝っていた。

Ogeborg
www.ogeborg.se

オゲボルグはスウェーデンのカーペット家族経営型のカーペットメーカー。2世代50年以上にわたり、誠実で高品質な素材とテキスタイルを扱い、床に対する専門知識のプロフェッショナルメーカーとして息づいている。絨毯や敷物は、細部にまで細かな注意を払い、手触りの良い高品質なものを求められる。その価値を深く理解することにより製品化される、耐久性のある、時代を超越する品質を提供している。今回は Note Design Studio のクリエイティブディレクションで、展示ブース、グラフィック、色彩ディレクションなどブランドイメージを一新し、時代に合った進化を遂げていた。

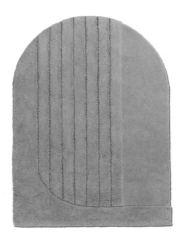

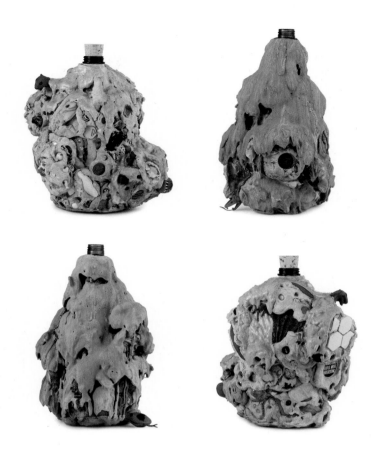

NORMAN COPENHAGEN
www.normann-copenhagen.com

Jan Andersen と Poul Madsen によって1999年にデンマークで創業。現代のスカンジナビアンスタイルの先駆けブランドだ。北欧家具ブランドとしての認知度は高い。スタンダードな作品から、エッジの効いた若手デザイナーやアーティストとのコラボレーションも積極的に行っている。今回は、デザインとアートの境界線を模索する「Normann x Brask Art Collection」を発表。デンマークのアートキュレーター Jens-Peter Brask とのコラボレーションが実現していた。参加 Artist:Ryan Schneider、Jørgen Haugen Sørensen、Mira Dancy、Greg Bogin、Vincent Dermody、Roma Manikhin、Tony Matelli、Gudrun Hasle、Graham Collins、Anton Munar。

&TRADITION
www.andtradition.com

Signe Hytte デザインの彫刻的フォルムの照明の Journey lamp。円形のガラスドームに長方形のモノコックボディーが新鮮だ。オパール色のオフホワイトはまるでお月様のよう。テーブルランプや壁付けマウントなど様々な仕様でがある。1963年デザインのペンダント照明の P376は純粋な復刻バージョン。Design:Jørgen Kastholm (1931-2007) and Preben Juhl Fabricius (1931-1984) Blown ランプシリーズにスタンド型が登場。Samuel Wilkinson の考える反射した光のパターンは、ガラスドームの加工に施されたキルティングのようなシワによってもたらされる。

ferm LIVING

www.fermliving.com

照明の ARUM シリーズにスタンドが登場。ソフトなカーブのメタルフォルムは木の葉のような曲線で美しい。黒色のマーブルのベースは光沢仕上げのためその重量を感じさせないエアリーな雰囲気に。セラミックシリーズの MUSE は、ディスプレとして重宝しそうな花瓶のコレクション。サイズ違いの MUSE ベースを並べるだけでインスピレーションが掻き立てられる空間に変わる。Distinct サイドテーブルは、日本のエッセンスをモチーフにデザインされたテーブルコレクション。高さの一段低いコーヒーテーブルも用意されている。マーブルの組み合わせとトラバーチンの2種類が選択可能。

NEW WORKS.

www.newworks.dk

今季のテーマは「Our Copenhagen Home - Inviting and Intimate ／魅力的で親密な、私たちのコペンハーゲンの家」。Corner Living Room の演出では、Covent Sofa Narrow 3シーター、Astrid Tembo ラウンジチェアー17mm 毛足のシープスキン仕上げ、チャコール色の Mass デイベットはウォールナットのベース。Mass コーヒーテーブルと Lantern フロアランプ。クリエイティブディレクター Knut Bendik Humlevik 曰く、「新作のムードは、より深い素材と仕上げのパレットに焦点を当て、New Works コレクションの成熟度を表現、継続する今日の北欧のデザインに私たち自身のビジョンをどう求めているかを表現している」

Fredericia
www.fredericia.com

当時、Hans J. Wegner や Børge Mogensen のクラスメートだった Jens Risom の Magazine Table がフレデリシアの新たなコレクションとして追加された。1949年のデザインとは思えない美しい曲線とカットアウトのコンビネーション。実用的かつ美的な両方を兼ね備えた優秀なデザインの復刻版。Cecilie Manz デザインの最新コレクション Post Chair。究極に控えめな静けさとクラシックスタイルのシリンダー系の美しい脚部が特徴的。日常使いが楽しくなるデイリーユースに最適な椅子コレクション。ソファシリーズの Calmo に、2人と3人掛け、オットマン、ラウンジチェアーが追加。Design:Hugo Passos

Menu
www.menuspace.com

今シーズンのテーマは「Connected Spaces ／コネクテッドスペース」デザインを通じて私たちの世界を結びつける空間 – ある場所から別の場所への移行をシームレスで、楽で、楽しい環境を作りだす。急速に変化する私たちの風景の中で、家庭と仕事の区別はあいまいになっている。コネクテッドスペースの概念はこのエキサイティングな変化を反映し、まるで、自宅にいるように感じる職場のような環境として、そのニーズに応える人間の為の多機能環境を提案している。自宅、職場、おもてなしの間を点で結ぶことで、空間の使い方、そして最終的には、お互いのつながりを再定義できることに繋がる。

Carl Hansen&Son
www.carlhansen.com

Børge Mogensens デザインの Huntsman Chair。無駄のない優雅なフォルムを追求した名作として知られ、ヴィンテージ市場では数年前より高値で取引きされている貴重なチェアーだ。その椅子が2019年に復刻。1950年にデザインの椅子は、ハンティングキャビンをテーマにした家具シリーズの一つとして、1950年に開催されたコペンハーゲン家具職人ギルド展で発表されている。BM1160 ハンティングテーブルも同時期にリリースされている。シンプルさと複雑さが融合し、複雑な構造をシンプルなフォルムにまとめ、風格ある一脚となっている。野性的でありながらエレガントで無駄のないフォルム。さらにサドルレザー、木材、真鍮、ステンレススチールと、自然素材それぞれの持ち味を生かし、座り心地と使い易さを追求したデザインが、様々な座り方を可能にする逸品だ。

BRDR.KRUGER
www.brdr-kruger.com

BRDR.KRUGER はインテリアアーキテクトの David Thulstrup とのコラボレーションで多くのコレクションをリリースしている。特にデンマークのミシュランレストランの NOMA の新店舗のプロジェクトなどにも多くのニューモデルを David Thulstrup デザインで納品している。今回注目したのは KARM Sofa シリーズ。清潔でモダンなラインは美しくシンプル。太くて分厚い特徴的な大きなオーク材の板から作られたソファだ。ノスタルジックなデザインながら、どこか誠実さやシンプルさの感覚を呼び起こす。スカンジナビア地方を意識し、すっきりした、シャープでモダンなラインは、1970年代のデンマークのデザインを連想させる。

MOTARASU

www.motarasu.com

デンマークの伝統を受け継ぎ、その伝統と新しい技術を活用し、そこに日本の美的感覚を落とし込んでゆく。オーナーの Lars Vejen と Taijiro Ishiko の2人による新たなブランドがスタートした。新作で注目だったのは、スタッキングチェアーの FLOAT。シンプルで優しいミニマルな曲線のスチールチューブと木製の座面。非常にミニマルで、ハードとソフトの要素が融合した優雅なフォルムのデザインになっている。シンプルで美しく、かつ実用的で座りやすい椅子を追求している。角度によってはクラシックの要素も含んだ感覚もあり、ノスタルジーさも伺える素敵な椅子のシリーズだ。

nola

www.nola.se

スウェーデンのアウトドア家具の老舗メーカー nola。注目の新作は Anki Gneib デザインの CACTI シリーズ。プランターシリーズの新しいバージョンを追加したと共に、ストックホルム市街で開催されているストックホルムデザインウィークにも Anki Gneib デザインとしてポップアップの展示を行っていた。この円弧の曲線が美しい鳥カゴのようなデザインはプランターとしてデザインされたもの。単体を組み合わせ連結させることで植物プランターのペンダントにも活用可能。プランターシリーズの別デザインで人気の GRO は、ベースに鉢入れが付き、植物の成長に合わせて放射状の円形サポートがグラフィカルで面白い。Design:Mia Cullin

NORR11

www.norr11.com

デンマークのアップカミングブランドの NORR11。ソファの新作は New Wave。50's のヴィンテージ感を絶妙に生かし、ミニマルに仕上げたソファシリーズに片アームバージョンが登場。ベース、背座とクッションという優れたシンプルさが人気でシリーズ化になった。Design:Kristian Sofus Hansen、Tommy Hyldahl、Nicolaj Nøddesbo。ラタン製の Nomad チェアーはモロッコの籐家具からインスパイヤーしたデザイン。Nomad の由来は「Nordic と Moroccan」Samurai はモダンなラウンジチェアーで、キャンバスとレザーの2種類が選択可能。50's のハンティングチェアーと日本のミニマリズムを掛け合わせてデザインされている。

Would
www.woud.dk

スペインの若手デザインスタジオ YONOH の新作のモジュラーソファの FLORA。高い拡張性のアイデアは植物の花びらからヒントを得たものだ。有機的な花びらのつくりのように、ソファも拡張することが可能ではないのか？という流れから始まっている。勿論ソファのシルエットも花びらの曲線を意識し、ソファのアウトラインにはパイピングによるアクセントでその美しいラインを強調している。収納の新作は Array シリーズで、slate cladding ／建築の壁面に施す石張りの技術からインスパイヤーされている。Design:Says Who

zilenzio
www.zilenzio.com

Note Design Studio のデザインで 2019 年の新作を飾ったのは Focus Pod。バックレストは間仕切りのように円形に優しく切り立ち、アコースティックスクリーンの役割りを果たしている。サイドには小さなテーブルがオプションで付く。サステイナブル素材と製法を最大限に取り入れ、消音効果の高いアコースティック機能を充実させ、空間の新しい可能性を設置家具を活用して模索している。Norm Architects や昨年から展示ブースのデザインも手がけるフランスの Constance Guisset の新作もリリースしていた。

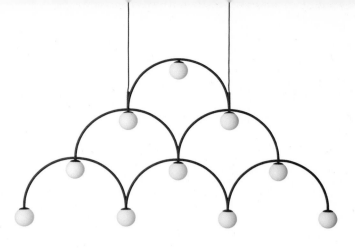

Pholc

www.pholc.se

2019年の新作は MONIKA MULDER デザインの連結拡張ライティングの BOUNCE シリーズ。連結する事で空間をグラフィック化させてゆくのが狙いのライティングモジュラーシステム。アーチ状の均等なバランス感覚をもった単体ユニットが複合的に増殖可能になっている。ホテルなどの大空間における空間装飾に最適にデザインされている。既存のシャンデリアには無かった平面体としての面白さに注目し仕上げられたデザインになっている。ライトな感覚で、グラフィカルに空間を演出するニーズに合わせてプロデュースされていた。

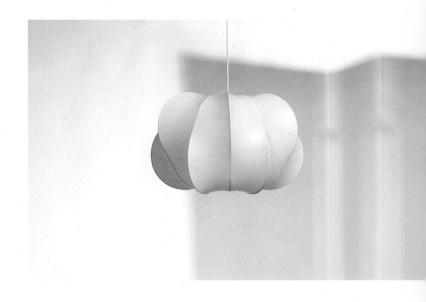

Madetostay

www.madetostay.com

Madetostay は、2017年に設立したスイスの家具および照明ブランド。Peter Wirz、Carsten Jörgensen、Ju managingrgen Henkel の3名による共同ブランド。　テーマはシンプルで、人々が生涯続けたいものを作ること。すべての製品は慎重に設計および製造されている。長く一生使ってゆけるようなプロダクトを目指している。Carsten Jörgensen デザインの Bat ランプは、2009年から2011年にかけてデザインされた Madetostay のアイコニック商品。翼面部分の幾何学的な凹面と凸面の交点により、調和のとれた光をもたらす。形状の特徴どうりの美しい周囲光を発する。

Örsjö Belysning

www.orsjo.com

1948年創業のスウェーデンの老舗照明メーカー。新作は Ingegerd Raman デザインの Virvel 軽量ペンダントランプ。Virvel ランプのコンセプトは、円形の紙を使用し、それをシェード用に巻き込むように折り畳む事で可能になる形状を製作すること。スマートでシンプルで環境に優しい設計を実現していた。2種類の巻き込み方法が可能で、織り包む形状の Double: Double と折り畳む形状の Single: Single が選べる。Virvel に使われている特殊な紙素材は、Lessebo Bruk にある古い製紙工場で製作されている。

Zero

www.zerolighting.com

1978年創業のライティング専門メーカー。常に一歩先のユニークで遊び心あるデザイン照明を提供している。生産の約80％は自社のある Småland の Nybro でアセンブルされている。新作の Curve シリーズはストックホルムの国立博物館のアートライブラリーのためにデザインされた照明。デザインのインスピレーションは過去にその図書館で使われていたクラシックスタイルの照明を参考にしている。Curve シリーズでは、どのスタイルもエノキダケのようなひょろっとした形状で、図書館などのお固い場所に敢えてリラックスした形状のものを対比させて設置する事で、その良さを引き出している。Design:FRONT

HEIMTEXTIL JAN

IMM COLOGNE

M&O PARIS JAN

M&O PARIS SEPT

Stockholm Furniture Fair

AMBIENTE

Singapore Design Week

MIART

SALONE DEL MOBILE

NYC x Design

ICFF NY

FORMEX

HABITARE

LONDON DESIGN FESTIVAL

LONDON DESIGN FAIR

GREEN HOUSE

多様性と気づきの時代に GreenHouse は どう反応しているのか？

Greenhouse はデザイナーの登竜門。世界でも注目度の高い特別な若手デザイナーを紹介する展示会になっている。この特別イベントでは37組のデザイナー、29組のデザイン関係の大学や専門学が展示。今売り出し中やこれから走り出すデザイナー達の時代を切り取るセンスに注目。情熱に溢れ、その溢れんばかりの企画や温めていたアイデアをここで一気に昇華させる。デザインスクールの展示も見逃せない。卒業制作にみる新鮮で自由度の高いフリーマインドのクリエイティブは一見の価値がある。この Greenhouse では、コンパクトでスモールスケールながら、メーカーや出展者たちも次のシーズンに向けての商品開発に繋げる原石探しにもなっている。デザイナー自身が作品に映り込むデザインが見れる面白い場所だ。この会場から世界へ羽ばたいて行ったデザイナー達は数えきれない程で、業界と若手を繋ぐ重要なミーティングポイントになっている。

Jan Klingler
www.janklingler.com

衝撃的なデザインアプローチで新たなプロジェクトを進めている若手デザイナーの Jan Klingler。人にそれぞれ違った微生物を持っている。そこでそのユニークな個人の微生物を採取し、シャーレで培養すると、そのバクテリアの活動によって色彩豊かなパレットが生まれる。これを程度の良い所でレジンで封印し、有機体が培養した美しいリキッド状のグラフィックパターンが完成する。サンプル採取する微生物によって様々に変化する模様を楽しむことが可能で、自分の為、2人の為、誰かの為、その場にいる微生物を活用する事で実現する。Bacteria Lamp の製作は、24〜48時間の培養し、レジンで固めたあとシーリングされ、LED の照明器具を取り付け製作されている。

 ## Nikolaj Thrane
www.nikolajthrane.dk

海藻を素材として活用するデザインが多く実験される中、デンマーク出身の Nikolaj Thrane Carlsen が新たなプロジェクトを発表した。The Coastal Furniture コレクションでは、持続可能性を第一の視野に置き、自然界で活用可能なサステイナブルな素材の模索から行き着いたのがこの海藻プロジェクト。デンマークの Læsø 島の海藻を使った実験になっている。デザインされた椅子は100％生分解性分の海藻を使い、造型されている。素材はアマモという海藻種で、通年種でよく砂浜に打ち上がっているもの。カラギーナンは、赤い紅系の海藻から採取した海藻エッセンス。今後も、進行中のバンブーの実験や、循環経済に必要な思考と実質のデザインアプローチによるプロジェクトを進めて行く予定だ。

Hurry up before we collapse!
www.lnu.se   Una Hallgrimsdottir / unaagil@gmail.com

スウェーデンの美術大学 Linnaeus University の Design + Change 学科の学生によるプレゼンテーション。通常の学生の展示では、製作物を作って展示する方法が一般的だが、彼は違った。現在の社会体系から脱出し、循環経済に移行してゆく世界では、物が本当に必要なのだろうか？その問いの答えがこの展示 Hurry Up Before We Collapse!／崩壊する前に急いで！に繋がっている。学生達は、入れ替わりながら自分自身を家具の一部に例えるポーズで、ある者はスタンド照明、テーブル、一人掛けのクッションなどを演ずる。5分程度経つと、それぞれのユニットは体制が崩れ、床に崩壊する。修行無常の精神を取り入れ、現代社会における、サステイナブルで循環経済の未来を少し皮肉を入れた形で、想像させる興味深い展示となっていた。

Jonas Lutz
www.jonaslutz.com

モダンコンテンポラリーなスカンジナビアンスタイルの木製家具。非常にシンプルで明快なデザインの椅子 The Shell chair。エアリーで軽量感があり、ミニマルなラウンジチェアーは、有りそうで無かった貴重な存在。無垢のメープルウッドと座面には同じ素材のラミネート材が使われている。軽量感はあるが、座り心地はしっかりと体形を包み込んでゆったりと体を包み込んでくれる。ハックレストの絶妙な角度が決め手になっている優れたデザインになっていた。

origo
www.origo.studio

ヘルシンキのデザイナー Dario Vidal が主幹を務める Origo。2019年に Aalto University の Contemporary Design のマスターを卒業。その卒業製作の一つがこのプロジェクトになっている。アルゴリズムが作りだすモデルには無限のバリエーションを生成するようにプログラムされ、このデジタルファブリケーションでは、データを有形のオブジェクトに変換させ、最終的に類似の特徴を増幅させ、無限のバリエーションの造形を生み出すようプログラムされている。スツールも同様のコーディングによって実現されている。デジタルファブリケーションの新たな世界に挑戦しているプロジェクトだ。

Wavy x Kajsa Melchior Grotto
www.wavy.se

このプロジェクトは Jesmonite、アラバスター／石膏系素材を使って、砂型で製作したもの。予め手掘りで製作した砂型の穴にアラバスターを流し込み、12時間後に摘出する手法で製作される。頭で考える意識と体で考える意識の差別化とは、何なのか？どこにその境界線はあるのか？人間は自然に和むが、それは自然が作った心地よさの中で和んでいることになる。では、デザイナーが直接自然の砂型で砂型を作って製作した作品は、自然が作った作品ということになるのだろうか？哲学的アプローチがユニークなプロジェクトだ。

HEIMTEXTIL

IMM
COLOGNE

M&O PARIS
JAN

M&O PARIS
SEPT

Stockholm
Furniture Fair

AMBIENTE

Singapore
Design Week

MIART

SALONE
DEL MOBILE

NYC x
Design

ICFF NY

FORMEX

HABITARE

LONDON DESIGN
FESTIVAL

LONDON
DESIGN FAIR

市街イベント

Stockholm Design Week 2019

Ariake

www.ariakecollection.com

昨年から引き続きストックホルム市街でのポップアップを開催したAriake／有明。日本の家具メーカーレグナテックと平田椅子製作所の共同レーベル。新作も含めて30コレクションに広がり、今回も雑誌 My Residence とのタイアップで、エクスクルーシヴなイベントを開催していた。会場は以前ダンスホールだったヴィンテージ感のある室内空間。室内は正統派のダンスホールの歴史を感じる趣のある環境。ジャパニーズミニマルな Ariake デザインをクラシックな空間との対比で感じることが出来る演出となっていた。演出やディスプレイ、コーディネーションの素晴らしさで、話題の展示になっていた。

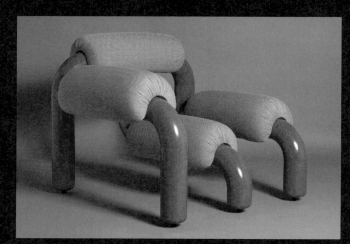

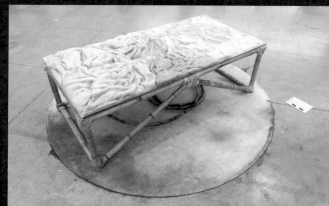

Bukowskis x Magniberg

www.bukowskis.com www.magniberg.com

1870年創業のオークションハウスの Bukowski で、テキスタイルの新たなブランド Magniberg のポップアップイベントが開催された。Bukowski のヴィンテージ家具と Magnigerg のベッドリネンの融合によるユニークな演出による空間展示。Acne Studios や Saint Laurent などで経験を積んだ後に独立した Bengt Thornefors とフローリストとグラフィックデザイナーの肩書きを持つ Nina Kim Charlotte Norgren の2人組による Magniberg のテキスタイルとカラフルなキュービズムの家具の提案だ。

Young Swedish Design

www.ungsvenskform.se

Ung Svensk Form／Young Swedish Design は、年一回開催される若手デザイナー発掘のコンペティンション。巡回展になっているためこの入賞者は、各年世界のどこかで行われる巡回展にて展示される事になる。革新的な現在のスウェーデンで活動するクリエイターやデザイナーの発掘が目的になっている。巡回展の目的はクリエイターとそのプロダクトの製造の可能性をもつ製造者との橋渡しが目的となっている。新たなタレントを発掘し、それを可能性のある作り手への架け橋として開催される歴史あるコンペティションだ。

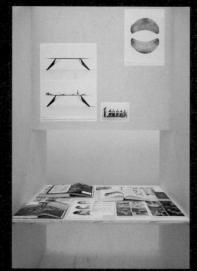

Jasper Morrison

FÄRG & BLANCHE
www.fargblanche.com

スウェーデンを代表する2人組のデザインスタジオ farg blanche。スウェーデン出身の Fredrik Färg とフランス生まれの Emma Marga Blanche。今年の特別企画は「THE BAKER'S HOUSE ／ベイカーズハウス」一軒の市内にある歴史のあるタウンハウスで開催され、ここは Emma のひいひいお爺さんが1889年から住んでいた場所。そこでは以前パン屋さんを営んでいた時期があり、その家族と建物の歴史をリスペクトした作品を新たに製作して展示していた。Knäckebröd ／クネッケブレッドとはスウェーデンの薄くて固いパン。このパンからインスパイヤーした作品 knackebrod Lamp やその他多数の新作をリリースしていた。

Iittala
www.iittala.com

ストックホルムデザインウィーク会期中にポップアップイベントが Wetterling Gallery で開催された。テーマは「Creating Atmospheres (When Eating Becomes Form)／雰囲気の創造（食事が形になるとき）」この展覧会では、Jasper Morrison がデザインしたイッタラの新しいダイニングコレクション、Raami の哲学を紹介。イッタラは、「雰囲気の創造」を通じて、形として食べるという概念に取り組み、形と行動の両方として概念を解釈するという企画展だ。コンセプトとデザインは、Ville Kokkonen と Florencia Colombo によって作成され、食べることに対する概念的なアプローチを表現。それは、形として、そして行動としての二重の意味で、形として食べることを調べるという試みだ。セクションに分かれた展示では、ラーミコレクションの特定の側面ピックアップして深掘りしている。Jasper Morrison のコメントでは「ラーミのアイテムには、状況の雰囲気だけでなく、その中の私たちの行動にも影響を与える能力があります。」

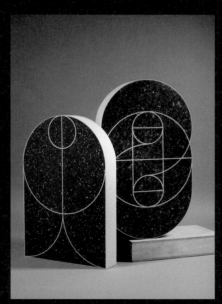

Luca Nichetto at Svenskt Tenn 「Fusa」
www.nichettostudio.com www.svenskttenn.se

イタリアの Murano 島は、ガラス職人の街。その色と一流の職人技を通じて、ガラス芸術の世界は、Luca Nichetto の生い立ちでもあり、また彼の経験を形作った場所でもある。彼のガラス製作と工房への愛と親しみとストックホルムの歴史あるインテリアショップ Svenskt Tenn が生み出したコレクションがこの Fusa シリーズだ。Luca Nichetto 曰く「Josef Frank の Terrazzo テキスタイルプリントの個人的な解釈として、そのパターンはベネチアの古い建物のモザイクを思い起こさせます」フロアランプ、テーブルランプ、キャンドルホルダーで構成されるコレクションは、布地から照明まで幅広く活用されている。Murano で手作りされた Fusa は、イタリア語の「融合」から名付けられ、ガラスの独特の色と質感を生み出すために使用される特別な技術を活用し、屈折、不透明度、透明度の追求と遊びを同時に生み出している。

Tarkett
www.tarkett.com www.notedesignstudio.se

タイトルは「Hold the line」この展示はスウェーデンの note design studio と Tarkett の有能な社内技術者との共同作業で実現した新たなコラボレーションだ。Tarkett はフローリング建材の世界的企業。自然由来の素材リノリウムやビニール製床材の巨大供給メーカー。このコラボレーション展示のコンセプトは、ビニール床材の溶接と接合の可能性を探っている。世界中で見られる、カラフルな屋外公共スポーツコートのラインワークに触発され、Tarkett の職人によるビニール溶接の多様性をスタディし、この技術を活用して、広大で幅広い均質なビニールフロアにデザインを通して何を追加する事が可能になるのかを模索する実験展示を行っていた。既存の建築素材の活用性とその可能性を試している。

HEIMTEXTIL

IMM
COLOGNE

M&O PARIS
JAN

M&O PARIS
SEPT

Stockholm
Furniture Fair

AMBIENTE

Singapore
Design Week

MIART

SALONE
DEL MOBILE

NYC x
Design

ICFF NY

FORMEX

HABITARE

LONDON DESIGN
FESTIVAL

LONDON
DESIGN FAIR

Ambiente

アンビエンテ

www.ambiente.messefrankfurt.com

Place: Messe Frankfurt Exhibition
Date: 8 to 12, Feburary 2019
Exhibitors: 4,451 / 4,376
Visitors: 136,000 / 133,582
-

増加した訪問者と展示内容の向上が印象的な 2019

　フランクフルトで開催された世界有数の消費財見本市アンビエンテ。最高のムードで訪問者数が増加。166か国から136,000人の来場者が訪れ、ビジネス向けに世界中の最新製品を注文し、POSでの商品プレゼンテーションのインスピレーションとデジタル未来市場のための、新しいアイデアや未来のビジネスモデル構築の為の情報交換が積極的に行われていた。306,500平方メートルの展示スペースは広大。世界92か国から4,451の出展者が集結。まさに世界の消費財トレンドを一挙に見ることが出来る展示会になっている。すべての出展者の85％がドイツ国外から来ており、展示会史上最も国際的な展開となっていた。フランクフルトのアンビエンテには、166ヶ国から約136,000人のバイヤーが来場。昨年対比で訪問者が増加していた。今年の見本市の目標を大幅に上回る出展者が集まり、前年よりも多くのビジネスが活性化していたことは間違いない。

　「ここアンビエンテでは、経済見通しの悪化の兆候がすでにかなりあったとしても、世界貿易の喧騒を感じることができます。Ambiente を取引ハブとして使用することで、世界中の消費財メーカーが、世界中のローカル市場と地域市場の両方をター

ゲットにすることが可能になる。したがって、ここ2月の展示会では、2019年以降の1年全体の消費財市場の流れを感じることが出来るはずです」メッセフランクフルト GmbH の執行委員会のメンバーである Detlef Braun は上記のように述べている。

　同様の肯定的な結論は、ドイツ住宅居住・商業協会（HWB）の Thomas Grothkopp マネージングディレクターによってもコメントされている。「小売業は再びアンビエンテで活性化したと思います。慎重に計画された新しいホール構造やレイアウトは、慣れるまでは難しい事もあったが、小売業者にとって他に類を見ないサイズやスケール感は間違いないだろうし、新たなイノベーションと国際主義の交差点であるこの展示会にまた戻ってくるでしょう」

　ドイツに次ぐトップ10の訪問国は、イタリア、中国、フランス、英国、オランダ、米国、スペイン、スイス、ロシア、韓国でした。訪問者の満足度は、94％という高いレベルにとどまっていた。訪問者の顕著な増加は、今年全世界、特に南米、ブラジル、エクアドル、メキシコなどの国、ヨーロッパから英国、スペイン、オランダ、ロシア、アジアから中国、タイ、インドなどだ。

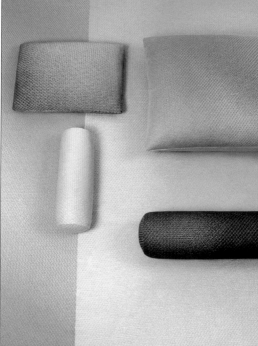

CASE STUDIES

www.thecasestudies.com

ニット生地のインテリアプロダクトを得意とするベルリンの CASE STUDIES。新作は CHROMA と言うテキスタイルシリーズ。
クロマカラーとは虹色に複雑に変化する色彩を表す表現。その色彩からヒントを得て製作されたコレクションだ。異なる大気が同時に発生する気象現象の粒子のように、連想感覚を引き起こす色の変化。液体の様に常に反射しながら変化する色彩など。新鮮な空気のような青と暖かい日光のアンバー色の融合など、とてもレアな色彩をブレンドしたニットを発表していた。CHROMA コレクションは、有機を指す一連の抽象的な幾何学模様。貝殻や波のような形。それらは、色彩の複雑さを伴った幻想的なパターン。まるでジョージア・オキーフやハンス・アルプなどの芸術家の作品を鑑賞しているようだ。

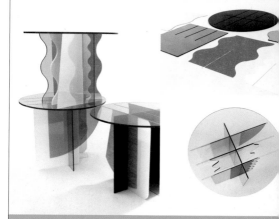

momantai

www.momantai-design.nl

momantai は広東語で無問題／問題無いと言う意味のブランド名が面白い。オランダの Eindhoven で活動する若手デザイナー Ulrike Jurklies がデザイナー兼オーナー。ドイツの有名木工大学 Freudenstadt でものづくりを学び、ディプロマを取得。インダストリアルデザイナーとしても活動している。その傍ら、この momantai を2004年に立ち上げ、自らの企画のインテリア小物やアクセサリー、家具などをデザインし販売している。新作の TINGE はアクリル製のテーブルシリーズ。透明感を利用して複数の色彩を組み合わせてポップに仕上げている。

TRENDS 2019

www.bora-herke.de

来年、消費者を熱狂させるものは何ですか？インフルエンサーによって導かれる人々、常にトレンディで個性的な世界観を追っている人々もいる。激動の時代、動きの速い時代に、何をもって拠り所とするのか？ 人々は、腑に落ちる、自らが落ち着く目的を探し、深いつながりを求め、深層心理に刻もうとするのです。現在の時代のトレンドは、「持続可能性」「自然性」「リサイクル」というテーマが重要で、デザイナーや生産者だけでなく、あらゆるタイプの消費者に影響を与えるメタトレンドになっている。ここ Ambiente 2019 のトレンドでは、このような世界の消費トレンドを深く理解しそこから生み出されるであろう次の潮流を発見し、その流れをアンビエンテの出展者の製品やサービスから浮き彫りにしてゆきます。主要な傾向は、どの結果も、それがどれほど魅力的で多様であるかを示しています。さあ、発見の旅に出かけましょう！

Ambiente のトレンド予測は、Stilbürobora.herke.palmisano が担当。世界的な調査の成果でもあり、消費財部門の将来の発展を予測してきている。トレンドを検出し、素材、色、スタイリングに特別な感覚を持つスペシャリストとして、彼らは本当に重要なものに慣れる方法を知っており、毎シーズン見事にそれを表現している。会場では特別トレンドガイドツアーも開催しており、2019年のトレンドを容易に認識できるよう働きかけている。

tasteful residence
完璧な仕上げと完璧な職人技

豊かな色彩、官能的な素材、純粋なライン、完璧なプロポーション、リラックスした時代を超えたエレガンスを生み出します。選りすぐりのお気に入りの作品、1回限りの作品、オブジェクトキャラクターを使用したデザインは、外観に特別な魅力を与えます。

exquisite ／絶妙　refined ／洗練された　elegant ／エレガント　nuanced ／微妙な subtle ／微妙　unusual ／珍しい　relaxed ／リラックス　sensual ／官能的な

最高のデザインのアイデアは、貴重な木材、革、ブークレ、ベルベット、ベロア、磁器。ディテールの追求。色付きのガラスと磨かれた表面。レリーフと３Ｄ効果がエレガントなタッチを追加します。

cozy ／居心地の良い　embossed ／エンボス加工　luxurious ／豪華な
perfect ／完璧な　lively ／にぎやか　noble ／ノーブル　polished ／磨かれた
structured ／構造化された

quiet surrounding
シンプルで美しい

ナチュラルでシンプルかつ便利な製品は、静寂で誠実さへの憧れを満たします。天国を例えるような柔らかい色彩。彼らはからストレスから解放された自由で気取らない日常生活。ここでは、素材へのリスペクトと活用にあたっての創造性が非常に重要です。

natural ／ナチュラル　discreet ／控えめな　puristic ／純粋な　soft ／柔らかい
contemplative ／瞑想的な　soothing ／なだめる　grounded ／地に足の着いた
subdued ／落ち着いた

天然素材は、愛のこもった温もりの伝わる伝統工法や製作方法、伝統技術や実験。ウール、シルク、ヘンプ、リネンなどの織物、天然、ガラス張りの木材、石、わら、粘土、陶磁器、多くのリサイクル製品。

mindful ／マインドフル　experimental ／実験的　recycled ／リサイクルされた
sustainable ／持続可能　hand-crafted ／手作り　innovative ／革新的
simple ／シンプルな　honest ／正直

joyflled ambience
遊び心ある賑わい

大胆な色の組み合わせとセレンディピティ。魅力ある自己表現としてのスタイリング。平均的なアベレージは受け入れない。物事は非正統的な方法でミックスされ、多様性が祝福される。遊び心のある方法で、すべての慣習から解放され、生き生きとした喜びに満ちています。

colourful ／カラフル　cheerful ／陽気な　lively ／にぎやか　carefree ／のんきな
idiosyncratic ／特異な　bold ／大胆な　playful ／遊び心のある　spontaneous ／自発

型破りな素材やパターンのミックス感。型にはまらないもの。植物のモチーフ、幾何学的、特大サイズ、ビンテージプリント、イラスト入りのタペストリー、革新的なリサイクルプラスチック。爽やかで驚くほどの清々しさ。

creative ／クリエイティブ　diverse ／多様な　unorthodox ／正統でない
patterned ／植物な　illustrative ／実例となる　floral ／フローラル　lively ／にぎやか

HEIMTEXTIL

IMM COLOGNE

M&O PARIS JAN

M&O PARIS SEPT

Stockholm Furniture Fair

AMBIENTE

Singapore Design Week

MIART

SALONE DEL MOBILE

NYC x Design

ICFF NY

FORMEX

HABITARE

LONDON DESIGN FESTIVAL

LONDON DESIGN FAIR

Singapore Design Week 2019

シンガポールデザインウィーク 2019

www.designsingapore.org

Place: National Design Centre & 市街各地
Date: 4 to 17, March 2019

すべての人のためのフェスティバルを目指して

　アジアを代表するデザインフェスティバルの1つであるシンガポールデザインウィーク（SDW）2019年で6回目を迎えている。4つのテーマカテゴリーにわたるデザインの影響に焦点を当て、厳選された110の強力なデザインプログラムを開催。「Transform my business／ビジネスを変革する」「Empower my community／コミュニティに力を与える」「Inspire my everyday／私のすべてを刺激する」「Reimagine my future／私の未来を再考する」

　National Design Centre／国立デザインセンター（NDC）がデザインウィークのハブイベントとなり、毎年恒例の多くのセミナーやワークショップはこの場所を中心に開催されている。通商産業省および教育省の Chee Hong Tat はスピーチの中で、「長年にわたって、デザインが私たちの生活のあらゆる側面に与える影響を見てきました。日常の製品からビジネス戦略や公共政策まで、デザインは組織や個人の変容、エンパワーメント、インスピレーションに重要な役割を果たしています」

　優れたデザインが経済、環境、社会、文化にいい影響を与えることを視野した数々のオフィシャルプログラムを開催している。Design Singapore Council（Dsg）が NDC で主催する一般向けの数々のデザインセミナー、プロ向けの有料デザインディスカッションの Brainstorm Design、イギリスのライフスタイル雑誌 Wallpaper* の展示、Singapore Furniture Industries Council（SFIC）主催の家具展示会「International Furniture Fair Singapore Pte Ltd（IFFS）」、SingaPlural、Design Trails などや、その他のコミュニティーで開催される多数のイベントなどがある。企業、コミュニティ、個人に対するデザインの価値の認識向上のためにこの期間に多くのイベントが開催されている。

　また、全てを実現するにあたるビジネスパートナーも充実し、FORTUNE、Wallpaper*、the Singapore Furniture Industries Council (SFIC)、International Furniture Fair Singapore Pte Ltd、LOPELAB、OuterEdit、the National Heritage Board、the UNESCO Creative Cities in Australia through Sydney City of Film and Adelaide Festival Centre などビジネスのバックアップサポーターもしっかりと準備されている。

　「今年のシンガポールデザインウィークでは、あらゆる年齢のあらゆるバックグラウンドの人々が、デザインの広範囲にわたる影響と、それが個人の生活と生活を改善する方法について学ぶことを願っています」と、DesignSingapore Council のエグゼクティブディレクターである Mark Wee。「デザインは美学を超越し、デザインの採用と統合により、人々の生活は改善され、コミュニティは橋渡しされ、企業は価値を創造することができると信じています。」NDC およびシンガポールの島全体のさまざまな場所で開催されるシンガポールデザインウィーク。日常生活におけるデザインの影響と価値を強調する70以上のパートナーによる110以上のプログラムが含まれている。シンガポールデザインウィークは、2020年に1年休み、2021年に復帰する予定になっている。2014年から始まった、シンガポールのデザインシーンにおけるデザインハブの役割りとして機能し、多くのデザインの才能とビジネスを結ぶ役目を担い、デザインの価値を実証する豊かな活動を通してコミュニティをサポートしているイベントとなっている。

made-in
www.made-in-co.com

シンガポールのデザインプロデューサー industry+ が新たなレーベル Made-in リリース。エディトリアルベースで機会ごとにテーマを設定しキュレートしたクリエイター、デザイナー、メーカーとのコラボレーションを実現するレーベルだ。伝統工法、クラフトなどその国や地域の伝統文化に根ざしたクリエイティブを手掛けている人々とのコラボレーションを目的にしている。また、まだ眠っている若手タレントの発掘や、そうした機会を利用してメーカーとの架け橋になり、新たなレーベルやブランド構築のサポートも行ってゆく予定だ。今回はインドネシアのクリエイター達とのコラボレーションを展示。激しく移り行くインドネシアのコンテンポラリーライフスタイルの変遷を展示していた。
Design：Bika Living、Byo Living、Cassia Studio、Kandura Studio、Santai Jogja、Uma、Yamakawa Rattan、Zaqi x Weijenberg

Triple bottom line
www.triplebottomline.cc

ファウンダーでデザイナーの Satoshi Yanagisawa による Triple bottom line。精密なインダストリアルデザインを得意とし、現在はロンドンを拠点に活動している。シンガポール国際家具見本市内の若手デザイナーセクションで新作を展示。ここでは、照明シリーズの Tranquillum を発表。その有機的なフォルムは空想上の植物のような佇まい。近未来的かつ自然の要素を繊細に忍ばせた仕上がりにはため息さえ出てしまうほど美しい。滑らかな透明感のある光を味わう事が出来る感性を刺激する照明コレクションだ。

Singapore Design Week 2019

Straits Clan
www.straitsclan.com

以前ニューマジェスティックホテルだった場所に The Lo&Behold グループによって4階建て約2000平米の会員制倶楽部が完成した。コンセプトの構想と設立は3人のシンガポール人起業家、Wee Teng Wen、Aun Koh、Sally Sim。起業家、クリエーター、ソーシャルアントレプレナーが若年層向けの社交場を提供するハイエンドクラブとして設立された。会員は1階奥にあるラウンジ、2階以上にあるバー、パーティー・ラウンジ、読書ラウンジ、ブティックジム、スパも使用できる。非会員であっても1階のクラン・カフェは利用可能。抜け感のある開放的な雰囲気で、オーガニック系のモダンアジア料理や飲み物などを提供している。洗練された空間での新たな社交空間として話題になっている。

ndustry+
www.industryplus.com.sg

インダストリープラスはシンガポールのデザインレーベル。市街中心地にギャラリー兼スタジオオフィスを構え、自社のオリジナルラインの家具プロデュースからコンサルティングまで幅広く展開している。Jun Yasumoto デザインの Ebisu チェアー、nendo デザインによる Tokyo Tribal シリーズ、Dai Sugasawa の Bipod table、Studio Juju の Luxury Towers など数多くのコレクションを揃える。オーナーの PC ／ピーナーもデザインを手掛けており、今回のポップアップのイベントでは、彼が2009年に製作した Before&After ラウンジチェアーも復活させていた。

Wallpaper* Handmade Passion Projects
www.wallpaper.com

今年で10年目を迎える Handmade プロジェクト。Wallpaper* 誌の毎年恒例になったイベントだ。カスタマイズの本質を通じて、職人の技とデザインの融合をテーマにした画期的な展示会。仕掛け人およびクリエイティブディレクターとして、Wallpaper は世界有数のアーティスト、職人、ブランド、メーカー、家具、食料品関係、ファッション関係などのクリエイターに向けて、ユニークで一点モノの高級品を注文し、その最終作品を紹介する。2019年版では、DesignSingapore Council とのパートナーシップの一環として、シンガポールに拠点を置く7人のデザイナーとデザインスタジオが選ばれた。Chris Lee、Clara Yee、Hans Tan、LAI CHAN、Lanzavecchia + Wai、Lekker Architects、Tiffany Loy。また公募からも1点選出し、LASALLE 大学の卒業生である Brandon Yeo が参加。合計8つのシンガポールの作品と、Handmade の過去のエディションからの厳選された作品が展示されていた。

HEIMTEXTIL

IMM COLOGNE

M&O PARIS JAN

M&O PARIS SEPT

Stockholm Furniture Fair

AMBIENTE

Singapore Design Week

MIART

SALONE DEL MOBILE

NYC x Design

ICFF NY

FORMEX

HABITARE

LONDON DESIGN FESTIVAL

LONDON DESIGN FAIR

miart 2019

ミアート 2019

www.miart.it   www.carnetdemiart.it

Place: Fieramilanocity, Viale Scarampo, Milan, Italy
Date: 04 to 07, April 2019
Exhibitors: 185 / 186 (2018)
Visitors: 12,000 / 12,000 (2018)

ミラノのモダン＆コンテンポラリーアートフェアー

24回目を迎えた miart ／ミアート。フェアグラウンドの親会社 Fiera Milano が主催する大型のアートフェアー。ミラノサローネに先駆けて開催し、モダン＆コンテンポラリーの作品を中心に扱うギャラリーを集めた内容だ。ディレクターに Alessandro Rabottini を迎え今年で3年目。世界的なアートへの投資ブームとは少し違った潮流を進もうとしている miart の今を感じてみた。今回のエディションで再認識したのは国際アートカレンダーで見逃せないイベントとして盛り上がって来ている事だ。ミラノ市と協力して miart が主催する期間中には Milano Art Week も同時開催し、その継続的な流れから翌週にはミラノサローネも開催する期間になっているため、世界中のプレス関係者、ジャーナリスト、キュレーター、世界中のデザイン専門家がミラノサローネに先駆けてミラノに前のりしてくる状況をあえて作っている事だ。また、3年前からの継続的成功がバイラルと SNS で広がり、積極的なギャラリー出展の後押しも兼ねていると言うわけだ。

今年のフェアの特徴は、全体の7つのセクションの中での本国イタリアのコレクターの増加にある。

また、外国人コレクターによる注目度も高くなって来ていた。展示は4日間で、63か国のコレクターの関心を集めた。4月4日木曜日のプレビューから日曜日の夕方までのイベントで入場者はなんと12,000人強。国際的な VIP コレクター、アートコンサルタント、美術館、民間財団フェアに登録したキュレーターとディレクターが多く目立っていた。出展者は19か国から185ギャラリーが参加。さらに、1500人以上の認定ジャーナリストが訪問している。

miart では展示者はセクション毎に編成されている。確立された有名ギャラリーが集う Established Contemporary&Masters、アーティストが独立して参加する Generations、20世紀デザイン専門セクションの Decades、アップカミングの若手ギャラリーの Emergent、イントラクティブアートなどを扱う On Demand、最後に一番注目しているのが、実験的デザイン、リミテッドエディションやコレクタブルデザインなど12ギャラリーからなる Object セクションだ。このセクションはロンドンのデザイン批評家でジャーナリストの Hugo Macdonald がギャラリーキュレーションを行っている。

Damien & The Love Guru

www.damienandtheloveguru.com
www.sharonvanovermeiren.be

若手アーティストやアップカミングの話題のギャラリーのセクション Emergent に参加。
ベルギー出身の若手アーティスト Sharon Van Overmeiren の「Fictional sculptures ／架空の彫刻」シリーズを展示。時間と空間の広い範囲で造形物／アーティファクトの形態を探り、新しい彫刻作品としてリリース。彼女は、普遍的かつ基本的な素材である陶器／セラミックを使って、空想の中で遭遇する形を彫刻的合成によって生み出している。彼女のオブジェクトは、エリート主義の文化観に挑戦した作品だ。たとえば、漫画のキャラクターと古代の寺院の装飾品をふざけて融合させたり、合理的な分析よりも想像力を選択し、従来の境界を打ち破り境界線を拡大する。タイトルの Parasite 2.0 によって設計された miart のブースは、それほど現代的ではない青い空間である展示スペースにも関わらず、架空の環境を構築し、空間さえも形を与えるツールとして活用してしまっている。疎外空間／間を反映させ、現代美術の建築材料に使われるようなパネルを使って構成されたグリッドを組織的に活用した演出になっている。

Galerie Maria Bernheim／ Galeria Madragoa

Established Contemporary セクションに参加していたリスボンのコンテンポラリーギャラリーの Galeria Madragoa。アーティストの Luís Lázaro Matos のインスタレーションを行っていた。タイトルは「The Fictional Passengers ／架空の乗客」ルイス・ラザロによるインスタレーションは、大規模なアクリルキャンバス製の新シリーズ。これは、最近ポーランドの政治家のメディアスキャンダルのコメントに起因するもので、政治家は「移民が国境を越えた場合、国に昆虫を連れてくる」と発言。この壁に立てかけてあるキャンバス（220×150 cm）はその移民達が連れてくる昆虫を比喩したものだとも表現している。絵画には、描かれた特大になって人々に被さる「昆虫」が人々に寄生し、それはまるで普段通りに人々が使っている、バックパック、アクセサリーや宝石のように、昆虫もまた同じように、しがみ付く。奇抜な構成画シリーズだ。

OFFICINE SAFFI
www.officinesaffi.com

実験的なコンテンポラリーセラミックを中心に扱うミラノのギャラリー OFFICINE SAFFI。今回はインテリアデザイナーの Elisa Ossino とのコラボレーションワーク「The Circle」シリーズを発表。真っ黒な瞑想部屋の奥に鎮座するイメージでリリースされた作品は、肘掛け椅子、ランプ、いくつかのテーブル、スクリーン。すべて粘土材で製作されている。エリサ・オッシーノのデザインはまるで、夢想の彫刻のような佇まいだ。空間との対話のために設計された作品で、視覚的なバランス感覚を重要視している。自然と人工物の間に存在するもの。その色彩や幾何学的形状は建築構造からインスパイヤーされている。生活空間の抽象化を探求し、空間自体が居住可能な彫刻となる環境を実現していた。

GALLERI FELDT
www.gallerifeldt.dk

Object セクションに展示していたデンマークのヴィンテージアンティークギャラリーの Galleri Feldt (est. 2010) モダンスカンジナビアンデザインを得意とし、この時代の背景を徹底的に理解することに専念した結果、目利きを超えた審美眼で、独自のコレクションを作り上げている。歴史の時系列的なアプローチでは無く、自由な概念で判断する横断的アプローチでキュレーションしている。コンテンポラリーアートとヴィンテージの新しいミックス感を尊重し、そこに発生する、気づかなかったオブジェ、素材、デザイン、当時の市場動向や裏の物語など、前後の文脈全体をも物語として捉えたアプローチを大事にしている。

TASTE CONTEMPORARY
www.tastecontemporary.com

スイス、ジュネーヴ拠点のアートギャラリー。Object セクションでの展示となっていた。New Zealand 出身のアーティスト Virginia Leonard を紹介。彼女の感情的で情熱的なセラミック作品は、自身の身体の傷や慢性の痛みの経験に対処する為の解釈であり、言わばこの作品は彼女の特効薬であり、自画像のようなものになっている。作品は、粘土で作業を始めた 2013 年から始まり、それ以前は絵画をベースにしていた作品が多い。彼女の表現が成熟してゆくと同時に絵画のアプローチから粘土／陶芸へと変化してきている。キャンバスで必要としていた筆と絵の具は、陶芸の為に使われるようになった。つまりそれは、平面構造を立体に構築する必要があったという事だ。

ERASTUDIO APARTMENT GALLERY
www.erastudiogallery.it

ミラノの市街にギャラリーを構える ERASTUDIO APARTMENT GALLERY。斬新なキュレーションの若手クリエイターから、自国イタリアの巨匠アーティストまで幅広く扱っている。今回はモスクワ出身で1975年生まれの Pavel Zhuralev の新作を数多く発表。彼のスタジオの近辺から掘り出した土を使って製作されたオブジェのシリーズ RESISTANCE OF GRAVITY。日本の侘び寂びの心を讃え、それに寄り添い、自らの内なる声とともに独自の創作を行ったコレクション。Wabi or Sabi Imperfection ／侘び寂びの不完全さを表現した作品だ。その他の作品では、陶芸家で彫刻家の Carlo Zauli、陶芸家 Giuseppe Friscia、Franco Garelli、Urano Palma などを展示していた。

HEIMTEXTIL

IMM
COLOGNE

M&O PARIS
JAN

M&O PARIS
SEPT

Stockholm
Furniture Fair

AMBIENTE

Singapore
Design Week

MIART

SALONE
DEL
MOBILE

NYCx
Design

ICFF NY

FORMEX

HABITARE

LONDON DESIGN
FESTIVAL

LONDON
DESIGN FAIR

Salone del Mobile.Milano 2019

ミラノサローネ国際家具見本市

www.salonemilano.it

Place: Rho Fiera, Milano, Italy.
Date: 09 to 14, April 2019
Exhibitors: 2,418 / 1,841
Visitors: 386,236 / 435,065

第58回ミラノサローネ国際家具見本市：マニフェストは「インジェヌイティ（創意工夫）」

　2019年に発表されたミラノサローネのマニフェスト「クオリティー、イノベーション、クリエイティビティ」に「インジェヌイティ（創意工夫）」が新たに加わり、世界最大の家具デザインの祭典は始まった。創意工夫、ビジョン、イノベーション、サステイナビリティと卓越性、そして感動。まさにこれらのキーワードこそミラノサローネそのものを全体で表すにふさわしい表現になっている。ミラノ市と関係機関が、クリエイティビティーを通して深く繋がり、常によりグローバルで包括的な見本市になるべく努力をしている結果だとも言える。ミラノ市との相互関係をより強化し、更なる国際化を目指し、デザインの街ミラノに数多くのデザイン・プロジェクトを実現していた。

　期間中には世界中から来場者が押し寄せる。起業家、ジャーナリスト、知識人、批評家、デザイナー、建築家、クリエイター、ナレッジワーカー、美の愛好家など、ミラノに30万人以上の人々が集まる。ミラノサローネは、エモーション／感動と興奮の場なのだ。世界が注目するイベントへの参加はビジネスを飛躍させる機会投資であり、イベント主催者も、最高のステージを提供するために企業と一丸となって準備に余念が無い。そのため、このイベントはもはや単なる見本市に留まらず、業界関係者はもとより、デザインに無関係な人々まで多くを魅了する唯一無二のイベントと化している。今や誰もが一度は来たいと思うミラノサローネ。企業、クリエイター、トレンドハンターなどが、デザインや革新、生産、受注、それぞれに関わる人とのコンタクトを求めて訪れている。この現象が、ミラノサローネを通してデザイン - 製品 - 品質 - 革新 - 都市 - 価値 - の素晴らしい繋がりを作り出し、このプロセスの循環が新たな経済効果を生み出している。

　ミラノサローネは、クラシックからモダンデザインまで、2,000社以上（内30％は海外出展社）の企業が家具を発表する場。世界中の素晴らしい生産者から厳選された海外出展社もひしめき合う華やかな見本市の舞台だ。全てが一貫となりこのシーズンに向けて最新作をリリースしている。アイデア、ニーズ、経験を共有し、ビジネスネットワークを発展させ、それぞれの技術、特異性、能力を互いに高める貴重な交差点になっている。

Workplace3.0

　2019年の見どころとしては、オフィス見本市の Workplace3.0が新しく生まれ変わった事。専門的な要素と個人的な要素が共存し浸透するハイブリッドな空間を意識した、新しい展示方法を模索していた。仕事場が変化し、仕事の方法が変ずる今日。日々の様々な活動と共存し柔軟でダイナミックな空間を提案していた。

S.Project

　今年、初めて登場する S.Project は、新製品とインテリアデザインの方向性をより深く解釈するための新しい展示スタイルです。「マルチセクター」、「相乗効果」、「クオリティー」がキーワードの多面的な空間です。ブランドも M&A が進み、ブランドメーカー達にとって複合的に商材を提案する流れから、照明＋家具＋？や、超高級ライン＋カジュアルライン＋？と言う1ブランドでは賄い切れないニーズを合併しシナジーを上げてゆく事で経済不安の最善策にしている動きも有った。

エウロルーチェ

　第30回を迎えたエウロルーチェは、統合されたスマートな照明展示会。照明は、空間を照らし、感じ、暮らしを提案する。技術開発、制御システムの進化、光源の小型化は新しい可能性を切り開いていた。今年のキーワードは、実験と技術革新、サステイナビリティー、循環経済と美の追求。

　ミラノサローネでは20年以上にわたり、世界のクリエイティブな若者の才能を育む展示サローネサテリテを開催している。サローネサテリテでは、未来のデザインを暗示するプロトタイプを展示。参加デザイナーは、自己の作品を製品化する適切な企業を見つけることができたり、また逆に、新しいアイデアを求めて偵察にくる企業の目に留り製品化されたりと、需要と供給が一致する唯一の場だ。メディアも世界中から集まり、全国紙からデザイン誌、ファッション誌も精力的に取材する場所だ。ミラノサローネには毎年5,000人以上のジャーナリストが世界中から来場することを思えば、ここサテリテでの出展は世界に向けたフィジカルなマーケティングでもある。進化するデジタルツールによるアプローチと出展と言うフィジカルなキッカケが、国境やあらゆる障壁を超えて、情報の普及拡大の可能性を広げるのは言うまでも無い。

　何か新しい時代の動きを体感出来るミラノサローネ。常にプログレッシヴに進化し続け、混沌とした時代の新たな方向性を示唆し、時代の潮流を感じる事が出来る世界屈指のクリエイティブムーブメントだ。時代の流れもあり、過剰マーケティングやコマーシャライズしてしまっている部分は否めないが、それは市場の原理。乱高下を繰り返しながら、拡大し頂点に向かっているのだろう。時代の旬を感じ取り、何が起きているのかを体感できる場所が、ここミラノサローネなのだ。カオティックで何かが吸い込まれ消滅し、そしてまた新しい何かが起き、増殖、生き残ってゆく。自然の摂理を身を以て体感出来る、エキサイティングなイベントだ。

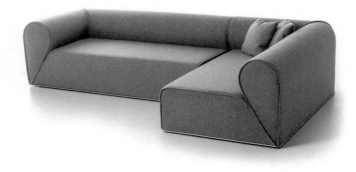

Moroso

www.moroso.it

モローゾはパートナーとのコラボレーションに積極的。今回は、照明の Ingo Maurer、ラグは Kvadrat とのパートナーシップで、特にスロウスやブランケットではイタリアのフリウリ地方の古代伝統工法で製作されている手織りのクラフトを取り入れたりしている。「温和で豊かさ」を細部に求めたスタイリングはやはり今年も展示会スタンドをデザインし、トータルディレクションを務めたモロゾのクリエイティブディレクター Patricia Urquiola ならではの演出だ。モロゾは常に、独自の情報リソースとその経験、さまざまなスタイルが融合する新しい生き方を模索している。世界文化に対する感受性と寛容さ、実験への欲求と芸術への愛、それは「total look」という表現方法で明らかにしていたようだ。展示ブースのデザインは Patricia Urquiola が担当。テーマは「formal simplicity」色彩は二次元要素のジオメトリックパターンの組み合わせ、軽快でセンセーショナルで結果、総合的に見ると3次元で立体的になっている。テラコッタ、2種類の明るめと暗めのアズールグレイの色相。ミニマルでデジタル、ピクセル的な解像度もキーワードに。新作は Patricia Urquiola の Gogan ソファコレクションやダイニングテーブルの Mathilda に椅子の Klara。 Edward van Vliet のモジュラーシステム Josh。Heinz Glatzl and Joachim Mayr デザインのダイニングテーブル Il Naturale。Doshi & Levien デザインのソファシリーズ Armada。Johannes Torpe のソファ Heartbreaker やシーティングユニットの Precious。Bendtsen Design Associates デザインの椅子のシリーズ Yumi。

HEIMTEXTIL

IMM COLOGNE

M&O PARIS JAN

M&O PARIS SEPT

Stockholm Furniture Fair

AMBIENTE

Singapore Design Week

MIART

SALONE DEL MOBILE

NYC x Design

ICFF NY

FORMEX

HABITARE

LONDON DESIGN FESTIVAL

LONDON DESIGN FAIR

Magis

www.magisdesign.com

展示ブースのデザインを担当したのは今季で2年目を迎えたストックホルムの Note Design Studio。伝統的なイタリアの宮殿、ヴェネツィアのドゥカーレ宮殿と回廊、の中庭の古典的な建築からインスパイヤーした環境。ボリュームのある中央の中庭、寛大で魅力的な社交のための場を意識したものだ。すべての環境は水の色のブルーを用い、これは、統一要素を持たせた街中にあるラグーンの水の色からヒントを得ている。温かい雰囲気の中で新製品を発見する事ができる空間になっていた。Gilli Kuchik & Ran Amitai がデザインした Vela、マグネシウム製の椅子 Lost、ランプのコレクションは Brogliato Traverso デザイン。楽しさと汎用性を備えたデザインの Swing パーティションは Ron Gilad。IngaSempé デザインのラグコレクションの Volentieri は、数種類の違う糸を織り合わせて製作されたもの。シンプルでほぼニュートラルなデザインになっている。Stefan Diez がデザインしたモジュラーソファ Costume は、リサイクル可能でリサイクル素材を使ったポリプロピレン製。

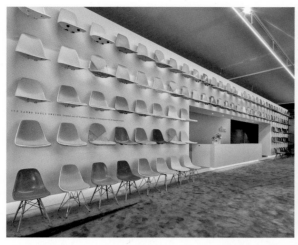

vitra

www.vitra.com

Vitra Home Collection を会場内イベントでは展示。また、ミラノ市街でも新たな試みとして24H インスタレーションを行っていた。この市街展示では QR コードを使ってその場でスマホから発注が可能な Vitra のアクセサリーコレクションを中心にした展示を行っていた。会場内では、4つの異なる環境を展示。それぞれが特定の感性と視点持ったユニークな表現が印象的なヴィトラらしい展示となっていた。 Charles & Ray Eames、Charles Eames & Eero Saarinen、Edward Barber & Jay Osgerby、Ronan & Erwan Bouroullec、Antonio Citterio、Konstantin Grcic、Hella Jongerius の新製品をリリース。4つの展示は、まさに4つの生き方、ライフスタイルの在り方を提案していた。展示スタンドのデザインとスタイリングは昨年同様に、Katharina Hennen、Connie Hüsser と Till Weber が担当。

KARTELL
www.kartell.com

テーマは「KARTELL WINDOWS」。artell は常に顧客とそのニーズを中心に置き、設計および生産技術において革新的な製品を開発してきた。サローネ 2019 では、創立 70 周年を記念して、カルテルはデザインと販売ネットワークを祝う「KARTELL WINDOWS」を提案。それぞれ 22 のウィンドウで構成される空間演出で、スタンド内をグルッと歩いて回遊するプロジェクトになっていた。顧客が自分のスペースで鑑賞することができ、さまざまな形式の製品展示が事例として掲げられ、歴史的な作品と新商品が混在したスタイリングになっていた。Be bop - Design Ludovica + Roberto Palomba、S/Matrik - Design Tokujin Yoshioka、Big Battery - Design Ferruccio Laviani、Trullo - Design Fabio Novembre、Componibili Bio - Design Anna Castelli Ferrieri、Kartell Flowers。特筆すべき新作として展示されていたのは、Artificial Intelligence による「A.I. project」 Philippe Starck とカルテルにアメリカの 3D エンジニアリングのプロ集団 Autodesk を迎え、この 3 社によるプロジェクトとしてスタートしていた。

Mattiazzi
www.mattiazzi.eu

創立 10 周年を記念した 4 つの椅子のコレクションを発表。2019 年には、Sam Hecht と Kim Colin を自社のアートディレクターに迎えたテーマは「Heart and Soul」すでにレギュラーメンバーのデザイナー代表としての Jasper Morrison によるロー＆ハイスツール Zampa。パインウッドのフレームにスチールのコンビネーションが新鮮な椅子とスツールのファミリー Fronda。Design:Sam Hecht & Kim Colin。Konstantin Grcic デザインのオーク材使用のスツール／テーブルの Cugino。Leva チェアーはレザーやファブリックが選べる椅子のコレクション。Design:Foster + Partners。

MolteniC
www.molteni.it

今回の見本市では、ミッドセンチュリーアーキテクチャーにインスパイアされたスタンドを実現。ベルギーの建築家 Vincent Van Duysen が担当した。彼は現在、同社クリエイティブディレクター、コーポレートイメージキュレーターを務めている。2019年のコンセプトはミッドセンチュリー。この20世紀時代の偉大な建築家の家からインスパイヤーした大空間を演出。直線的でピュアな壁面と天井のボリューム感が特徴で、それは異なるスペースをいい具合に分割し強調している。また、変化する空間のボリューム感は互いに干渉ぜず、水平かつ垂直の視覚空間を作り出している。その結果、カリフォルニアの明るく開放的な庭園のような空間になっている。その空間内では、所々に大きな緑の島が浮かんでいるように設置されたインドアガーデン印象的だ。Molteni & C の考える家の中央には、同社のキッチンブランド DADA を設置。アーティストのスタジオのような佇まいに加え、階段アクセスから上階の屋上テラスに接続もしている。中心の部屋では、オープンフェースの階段付きで、まるで図書室のような広大な空間が広がっている。

GlasItalia
www.glasitalia.com

Philippe Starck デザインの MARI CRISTAL テーブルは、12（6＋6）mm 厚の天板、スチール／ブロンズ脚に強化ガラスの芯材を使ったテーブルシリーズ。視点の角度を変える白く反射して濁る Opaque 特殊加工の天板もある。Patricia Urquiola デザインのガラステーブルシリーズ BISEL は、マルチクロマティックガラスと言う多層面ガラスを使用。4mm 厚5層の色違いのガラスを積層してある。マルチカラーながら透明感のある仕上げになっている。L.A. SUNSET テーブルシリーズは円形のスチールパイプテーブルのコンビネーション。天板は鏡面に液体状またはガス煙のようなグラデーション塗装を施してある。Design:Patricia Urquiola Piero Lissoni デザインのパネルドアの新作 SHERAZADE SLIDE PATCHWORK は、まさにパッチワーク状になったカラフルな5種類の仕上げで、6mm（3＋3）厚のガラスのコンビネーション。

HEIMTEXTIL

IMM COLOGNE

M&O PARIS JAN

M&O PARIS SEPT

Stockholm Furniture Fair

AMBIENTE

Singapore Design Week

MIART

SALONE DEL MOBILE

NYC x Design

ICFF NY

FORMEX

HABITARE

LONDON DESIGN FESTIVAL

LONDON DESIGN FAIR

ClassiCon

www.classicon.com

Tilla Goldberg デザインの Aërias シリーズが拡張して新色で登場。昨年リリースされ、順調に売り上げを伸ばし、ラウンジチェアーや高さ違い、色彩の選択肢を強化していた。軽量でウィービングによる織り込みのボディーはインドアとアウトドアの両方で対応可能な事から重要を拾っていた様だ。Guilherme Torres デザインのテーブルシリーズ Bow にも新たな仕様が登場。スチール製の構造とガラスの天板に、3つの高さと、3つのサイズからなるシリーズ。これに無垢のブラック／ホワイトマーブルが登場。

USM

www.usm.com

モジュラーシステム家具の老舗 USM ハラーシステム。今回の展示会テーマは「Let's make this place together!／一緒にこの場所を作ろう！」仕事と家庭の境界はあいまいであり、2つの領域を別々にしたい人はほとんどいない。自宅と職場の間に、私たちが知らない人と一緒に仕事をする3番目のスペースが出現している。それは、カフェ、コワークスペース、ホテルのロビーなど多数。これらはすべて、生産性のスペースよりもレジャーのスペースとして考えられた空間。では、そのような空間に何を施せば快適な環境に変化してゆくのか？ USM のモジュラーシステムは無限の組み合わせが可能で、フレキシブルで変則的な空間移行が盛んになる中、USM の持つ可変性を活用した空間づくりを紹介していた。

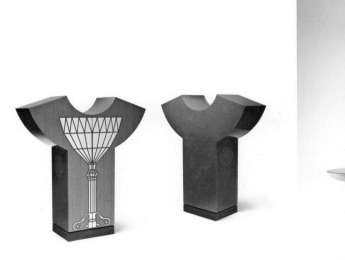

BD

www.bdbarcelona.com

巨匠 Alessandro Mendini デザインの CRISTALLO CUPBOARD シリーズは、Art Editions Collection に追加された Mendini 没前の最後の作品だ。イタリア職人による象嵌の技術からインスパイヤーされたメンディーにらしい 80's のグラフィックで仕上げられている数量限定品。Jaime Hayon デザインの DINO ラウンジチェアーは、2007年に最初にデザインした Showtime シリーズのファミリーとして追加されていた。3種類のサイズで登場していた EXPLORER TABLES シリーズ。ハイメが作り出す独特の世界観がこの椅子にも宿っている。和やかでカラフルな色彩からカスタム仕様まで対応可能。JORGE PENADÉS の新作 REMIX VOL.3 PISCIS コレクションは、BD工場内で不要になった素材を再利用したもので、素材はアルミニウムの押し出し材を活用したフラワーベースのコレクション。

Fritz Hansen

www.fritzhansen.com

北欧の名物ブランドといえばフリッツハンセン社だ。150年余りの歴史を持つ北欧切っての老舗家具メーカー。今回のテーマは「EXTRAORDINARY DESIGN ／特別なデザイン」伝統技術やクラフトマンシップと最先端の工業技術の革新によって新たな領域に踏み込もうとしているフリッツハンセン。ホームパーティーにゲストが来る時間前ギリギリの部屋が整った瞬間、寝る前に一人でゆっくりと読んでる瞬間。そんな部屋と人々が自然に一体となって日常と化す瞬間にユニークで美しさが宿っているのではないか？ そんな想像的な時間を感じさせるプレゼンテーションを試みていた「ROOM FOR IMAGINATION ／想像力の部屋」では5つのトピックで演出されていた。LATE NIGHT STUDY、ARRIVING SHORTLY、STAYING IN、FOR A MOMENT、EVERYDAY GATHERINGS。

LIVING DIVANI

www.livingdivani.it

1969年創業の LIVING DIVANI は50周年を祝賀する大きなコレクションをリリースしていた。ピュアでクリーンなラインのコレクションの新しい旅の始まりを予感させる展示となった。スペインの建築家 David Lopez Quincoces によるソファシリーズ Greene を発表。ソフトで構造的な印象のシーティングラインだ。照明の新作では Keiji Takeuchi デザインの Light with a table に注目。グラフィカルなシルエットが印象的なスレンダーでレトロなスタイルが特徴的。Lukas Scherrer 主幹の Shibuleru デザインが手掛けたのはブックケースの Aero シリーズ。Aero V や Aero B など。イタリアとシンガポールの二人組 Lanzavecchia + Wai は Pebble Low Table をファミリーとして追加。ニューヨークで活動する Stephen Burks の新作はストレージユニットシリーズの Islands を発表。ほぼ全面からアクセス可能なオープンフェイスのスタンディング収納ユニット。もちろん今季でアートディレクター30年目を迎えた Piero Lissoni もミラノ市街での特別イベント「The Uncollected Collection」を指揮していた。

KNOLL

www.knoll.com

「使われる芸術品」としての名高い品質と高貴でタイムレスなデザインで知られるブランドノル。昨年で50周年を迎え、次の時代に向けた新たな取り組みに精力的になっている。新作は Piero Lissoni デザインのソファコレクション Gould。アメリカン50'sの印象と当時の建築様式をイメージしてデザインされている。また、KN コレクションにも新たなシリーズを追加。一人がけ椅子の KN04、二人掛けの KN05。Edward Barber and Jay Osgerby の新作はエナメル仕上げのスチールが新しい Smalto テーブルコレクション。展示ブースのデザインはいつも通り、オランダの建築家 OMA の Rem Koolhaas が担当。

Poltrona Frau
www.poltronafrau.com

テーマは「CONNECTING EXPERIENCES」Michele De Lucchi デザインによる展示スペースが印象的で、オープンスペースとは人々の触れ合いと対話を活性化させ、様々なアイデアを交換することが出来る空間と言うコンセプトで立ち上がっていた。リング状の導線の中央にはコートヤードが設けられ、天井空間はロフトように開放感がある。まるでルネッサンス様式のパラッゾや村のような佇まいに仕立ててあった。人々の対話から生まれるイントラクションとは何か？　それは想像性とポジティブな情熱に違いない。注目は Roberto Lazzeroni が Poltrona Frau Style & Design Centre と共同デザインした1919 armchair の進化版、The 2019。また Martha アームチェアーなど多数をリリースしていた。

Giorgetti
www.giorgettimeda.com

Giorgetti lifestyle と言う新たなコンセプトを掲げ、DESIGN, FASHION, WINE CULTURE や LUXURY CAR やヨットなど超越したエレガントさとディテールの世界を表現していた。木材、レザー、マーブル、メタルやファブリックは艶やかなハーモニーを描く幻想のラグジュアリーワールドを突き進んでいる。参加デザイナーは、Carlo Colombo、Roberto Lazzeroni、Roberto+Ludovica Palomba、Umberto Asnago、Massimo Scolari、Chi Wing Lo と2019年から新たに入った Leonardo Dainelli。

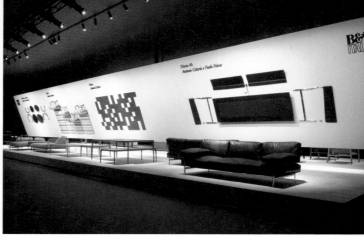

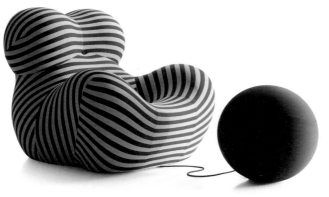

B&B Italia
www.bebitalia.com

Investindustrial と The Carlyle Group によって新たなグループ会社が設立された。この新会社 Design Holding には B&B Italia、Flos、Louis Poulsen が所属ブランドとして掲げられ、新たなグローバルハイエンドインテリアデザイングループとしてスタートしていた。展示会内の新たなセクションである S.Project に展示ブースを構え、3社の入り口中央付近にはレセプションを設ける作りで Design Holding としてのブランディングの第一歩を踏み出していた。全体の展示デザインは Calvi Brambilla が担当。B&B Italia としてのニュースでは、50周年記念を迎え、Gaetano Pesce デザインの UP Series を世界展開していた。また、Michael Anastassiades、Antonio Citterio、Piero Lissoni や Vincent Van Duysen の新作もリリースしていた。

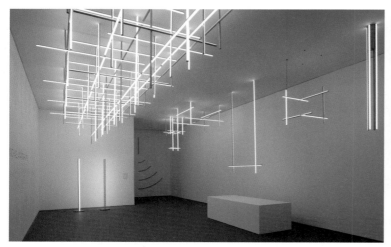

FLOS
www.flos.com

60年代のカルトデザインとも呼ぶべきリエディションをリリース。Mario Bellini デザインの Chiara。1957年デザインの Bulbo ランプ。デザインは Achille & Pier Giacomo Castiglioni。Michael Anastassiades のライティングシステム、Ronan and Erwan Bouroullec、Antonio Citterio、Formafantasma、Piero Lissoni、Nendo、Philippe Starck、Patricia Urquiola など著名デザイナー達による多くのレジデンス、建築プロジェクト、アウトドアライティングのコレクションをリリースしていた。

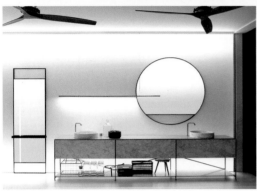

Boffi MAU DePadva

www.boffi.com www.maustudio.net www.depadova.com

世界最大級のホームおよびコントラクトテキスタイル見本市「ハイムテキスタイル」。ドイツのフランクフルトで年に一回開催されている。
テキスタイル業界の未来動向を担う重要な展示会の一つで、業界関係者を中心にデザイン、建築関係など、幅広いプロフェッショナルな
客層も多く集う。出展製品の品質や幅広さ、ならびに新たなシーズントレンドと今後の業界動向に関して活発なビジネスが確立する。

Louis Poulsen

www.louispoulsen.com

ルイスポールセンの照明の特徴はシンプルで美しいデザイン。 人々と空間に影響を与える魅力
的な雰囲気を作りだすことがデザインの基本になっている。新作で注目だったのは Danish-
Icelandic デザイナー／アーティスト Olafur Eliasson デザインによる OE Quasi ライト。幾何
学形フレームの12の頂点の内側に LED が埋め込まれ、フレーム内側のライト・ガイドが LED
の光をペンダント中心部のリフレクターに向けて点射。いくつもの薄片で構成される白いリフレ
クターは、柔らかい反射光を空間全体に拡散し、眩しさのない光で部屋を照らす仕組みになっ
ている。その他新作では無いが、色彩や仕様の追加などをリリースしていた。Design:Poul
Henningsen、Arne Jacobsen、Verner Panton、Vilhelm Lauritzen、Christian Flindt、
Øivind Slaatto、GamFratesi

HEIMTEXTIL

iMM
COLOGNE

M&O PARIS
JAN

M&O PARIS
SEPT

Stockholm
Furniture Fair

AMBIENTE

Singapore
Design Week

MIART

SALONE
DEL MOBILE

NYC x
Design

ICFF NY

FORMEX

HABITARE

LONDON DESIGN
FESTIVAL

LONDON
DESIGN FAIR

SAWAYA & MORONI
www.sawayamoroni.com

今季のタイトルは「Structured Figures ／構造的形態」未来的で宇宙感のあるデザイン形態を得意とする SAWAYA & MORONI。新作は Zaha Hadid Design のコーヒーテーブルコレクション MEW。流線型の美しさはザハの得意とする所。しかしそれを実現することは容易い事ではない。折り紙の構造からヒントを得てデザインされている。William Sawaya デザインの 5PM Chair はスタッキングで登場。ソファとアームチェアー KOR も生地張りでリリース。Snohetta デザインの SLOYD スツールは北欧に咲く花々からインスパイヤーしたコレクション。

Artifort
www.artifort.com

4 つの新作をリリースしていたアーティフォート。オランダの老舗家具メーカー。1960 年デザインのシステムソファシリーズ C416 と F416。コンパクトで軽量化されたボディーは本社のアイコニックデザインになっている。Design:Kho Liang Ie Patrick Norguet デザインのオフィスチェアー Jima は、スリークで曲線が美しく、かつ座り心地の良さを目指した椅子シリーズ。回転脚がスムーズでオフィスのラウンジなどで活躍しそうな Shark Lounge。Design:René Holten 曲線美の美しさを追求したモダンなフォルムが決め手のラウンジチェアー Pala Giro。Design:Luca Nichetto

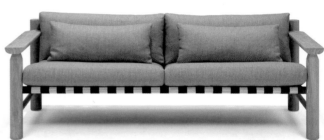

STUDIO PIET BOON
www.pietboon.com

Piet Boon のセカンドコレクションとしてリリースした STUDIO PIET BOON。エレガントでコントラスト豊か、ゆったりとした時間の流れを意識した洗練された新たなコレクションだ。スタイリングやディスプレイにも力を入れ、アートやクラフトなど、伝統的要素、手工芸などのクラフト要素をスパイスに効かせた演出が新しい。新作はクリーンなラインが印象的な KOBE coffee table、KAI sidetable、ソファの JANE ファミリー、アウトドアコレクションでは HIDDE にはアーチ型や円形のアクセントがデザイン処理したテーブルなどが新たにリリースされていた。

Riva 1920
www.riva1920.it

エコデザインの本尊とまではいかないが、世間がエコと騒ぎ出す以前からエコやサステイナビリティーを当たり前に取り入れていたメーカーの Riva 1920。会社の DNA に刻まれた、自然素材への畏敬の念と木工クラフトマンシップの自信溢れる素材使いは常に業界を一歩リードしている。新しい仕上げ、マルチファンクション、ハイテク家具など、木材仕上げの良さと技術革新をバランス良く取り入れたコレクションになっていた。新作の CANAL テーブル Design:PATRICIA URQUIOLA

Alias
www.alias.design

「Lightness and technological innovation ／軽量感と技術革新」をテーマに新作をリリース。フランスのデザインスタジオ Atelier Oï による E LA NAVE VA ソファは、船形を2分割したような構造で、構造組みの材料を表に見せる作りがデザインになっている。Patrick Norguet デザインの椅子シリーズ KOBI SOFT は、前年にリリースしていた KOBI シリーズの脚部がポリウレタン製になり、アウトドアユースとしても汎用性を広げた。Alfredo Häberli デザインのアームチェアー TIME は、スノーボードの製作に関わる3D ラミネーションの技術を応用して製作されている。柔軟性があり頑丈な構造になっている。

pulpo
www.pulpoproducts.com

Sebastian Herkner デザインによるテーブル bent シリーズ。照明とテーブルがリリースされ、照明はガラス部分をランプシェードとして使用。テーブルは脚部に活用している。一枚のガラス板を筒状の丸め込み脚部を製作している。職人との連携で生まれたプロダクトだ。テーブルトップはマーブルや同じガラスがサイズ別で選択可能。丸みを帯びた円盤型のランプシリーズの Kumo。日本語名の雲と名付けられ、日本の伝統的なランタンと雲のモクモク感を融合させたデザインに仕上げている。Design:no-made

GAN Rug
www.gan-rugs.com

スペインのラグメーカー GAN Rug の新作は新素材を使ったユニークなコレクション。デザイナーの Patricia Urquiola は、自然素材を活用し、温かみのある優しい感じをデザインしようと試みていた所、この新たなリサイクル素材と出会ったのだと言う。糸くずのリサイクル素材を見直し、色彩を分別し、自然感のある仕上げの素材までこだわって仕上げられている。NUANCES コレクションでは、グラフィカルでナチュラルな質感のあるクリーンな仕上がりになっている。素材構成はフェルトで80％ ウール＋20％ ヴィスコース。

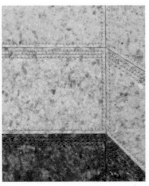

nanimarquina
www.nanimarquina.com

新作はロンドンのインテリアアーキテクト Ilse Crawford による「New Wellbeing collection」インドア向けのラグ、ハンモック、クッション、ブランケット、壁掛けのタペストリーのコレクション。地元で収穫された安全なファイバーを使用し、職人によって手織りされ、無漂白剤および無染料の素材を使ったコレクションだ。ブランドとしても持続経済になった製品づくりに一歩つづシフトしてゆく世界の流れを取り入れ、自社基準の作ることからスタートした環境に優しいプロジェクトだ。「conscious production ／意識的な生産」で生まれる予想外の美しさを追求している。

SaloneSatellite 2019

成長する若きデザイナー達のゆくへ

世界的に注目されている若手デザイナーの為のデザインコンペティション。2019年で22回目の開催を迎えた。未来のデザインの方向性を伺える思考を凝らした、新しい潮流を予感させる最も注目されている展覧会だ。1998年にスタートし、今回の参加者は550/650（2018）組。ここには条件を満たしたクリエイター、在学中の学生、プロのデザイナーやアーティストなどが参加する。世界中から集まる若手デザイナーの斬新なアイデア、クリエイティビティー、イノベーションと最新のアイデアが揃う。サローネサテリテから世界へ羽ばたいて行った数多くのデザイナーは、現在も業界を牽引する大きな力を持つ者も多い。35歳以下のデザイナーを対象とし、3回までの出展可能。過去累計デザイナーは約10,000人以上。サローネサテリテのデザイン業界への貢献度は言うまでもない。日本人デザイナーは合計14組参加。2010年から始まったサローネサテリテアワードは10回目を迎え、今回も興味深い若きタレント達が世界中から集結し、羽ばたいて行った。アワードの受賞者は多くはこれを機会に商品化へのステップを踏むものも多い。時代の潮流、実験的な要素、新素材アプローチ、多機能や多様性、伝統とクラシックを共存させた感性、千差万別の無数の作品が楽しめる展示会になっている。

st PRIZE　KOBE LEATHER

KULI-KULI

山内真一（日本）

www.facebook.com/kulikuli.design

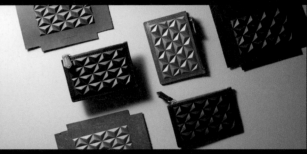

神戸ビーフで有名な兵庫県神戸でデザイン活動しているKULI-KULI。地元のなめし業者とのコラボレーションで、牛革を使った新たなプロダクトを発表した。伝統的には使うことが無かったなめし革の新たな活用方法を見出している。

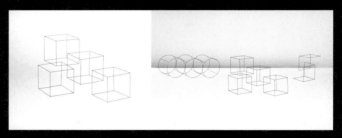

2nd PRIZE

HALO

STUDIO PHILIPP HAINKE

（ドイツ）

www.philipphainke.de

HALOチェアーのコンセプトは、麻とカゼイン繊維から作られた軽量素材の強度と可能性を検証するために考案された実験プロジェクト。デザイナー自身の有機的素材のリサーチから開発した素材がきっかけになっている。HALOチェアーはスタッカブルで、椅子を押し型で固める型自体も再生可能な素材で製作されている。接着要素にはライムとプロテインの混合剤を使用。元来ヘンプファイバーとヘンプの殻や皮部分などを接着するために使用していた有機接着剤を使っている。

3rd PRIZE

2.5 DIMENSIONAL OBJECTS ／ 2.5 次元の物体

Studio BAKU

坂下麦（日本）

www.studiobaku.jp

2.5 dimensional objectsは、ワイヤーでできた三次元の構造体。平面の紙の上に書かれた二次元の線のように見える立体作品。この視覚効果はワイヤーが0.3mmと極めて細いことに起因し、そのシルエットは不思議な立体効果で錯視／optical illusionを生み出す。洗練されたアブストラクトアートのような佇まいの作品は他に類を見ない新しいアプローチになっている。

KOKO LOKO

KOKO （クロアチア）

www.hanaciliga.com

子供の為にデザインされた8つのエレメントから構成される家具。それぞれのエレメントは違った形状で、それらを別々で組み合わせる事により、全く違ったバリエーションと実用性を可能にする。造形的な見た目で、組み合わせ方で表情が全く違ってくる。ベンチ、スツール、コーヒーテーブル、シェルフ、時にはお人形さんの家や立体駐車場にもなりえる。子供の想像性を掻き立て、この家具を使って自由に遊んで貰う事を目的にデザインされている

NEBULA LAMP

STUDIOMIREI （イタリア）

www.studiomirei.com

3つのペンダント照明を発表していたStudiomirei／Mirei Monticelli。宇宙の塵の間に佇む雲のような佇まい。素材はフィリピン製のバナナファイバーで製作されている。彼女のデザインテーマは異文化主義。フュージョンや進歩を捉えた多専門的アプローチであらゆる側面の事象と捉え纏め上げてゆくアプローチだ。ファブリックの新たな活用方法を多面的に捉えて創造に繋げている。リサイクル素材の可能性を違う視点から捉えたリサーチはまだ始まったばかりだ

Hiroto Yoshizoe
www.hirotoyoshizoe.com

人間の暮らしに密接に関わりのある「火」の現象を再構築し、新しい光源の在り方を追求した照明作品3点を「hymn」コレクションを発表。「時間、変化、動き」といった要素を重要視し、独自のプロセスによって制作された作品を発表していた。揺らぐ光の炎は時間の感覚を麻痺させるユニークな作品だ。

Marie Schumann
www.marieschumann.de

「SOFTSPACE – TEXTILE ROOM OBJECTS」ソフトスペースというプロジェクトでは、通常は平面であるテキスタイルを立体化させ、空間、素材、建築を用いて環境化させるのが狙い。手織りで製作された3Dテキスタイルのタペストリーは空間の吊り下げてディスプレされる。浮遊するタペストリーは軽量感があり対話を生み出す。

SHINYA YOSHIDA DESIGN
www.sydesign.jp

一番注目したプロジェクトはGeometria Light。彫刻のような佇まいの美しいフォルムの照明。素材を最大限に生かす為にシームレスな流れのあるシルエットで造形化されている。3種類の素材、日本製のアッシュ材、マーブル、そして一番驚きだったのは、レザーファイバーを吹き付けた特殊仕上げによる仕様だ。タッチセンサースイッチで8段階の調光機能付き。

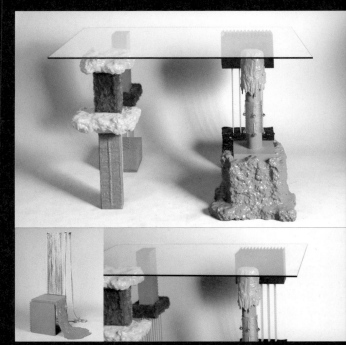

Blockbau
www.blockbau-design.de

22.24はベンドスチールチューブ製のアークチェアーシリーズ。座面部分は両端を曲げた
チューブをバスケット状に作り、それを規則的に連結させて仕上げてある。それを同じ脚部
のフレームに被せて一体化させている。バックレスト部分にはクッション機能を追加可能。
思ったより座り心地がいい椅子だ。

shun yoon
www.yoonshun.com

素材の特性に基づいで「感覚」と「イメージ」の関係を模索するプロジェクトを発表。人々はコミュ
ニケーションや画像を理解するためのツールとして言語を使用する。未知のオブジェクトの
画像は、すでに経験したおなじみの画像で識別し、この認識がオブジェクトを定義している。
このプロジェクトでは、子音を形に、母音を色に変換させ、新しいアルファベットを使用して、
単語を3D形状に変換、椅子などの既存のオブジェクトの形式を「書き換え」ることで造形化
させている。

chmara.rosinke studio
www.chmararosinke.com

オーストリアで活動する2人組の chmara.rosinke studio。Maciej Chmara は Anna Rosinke は学生時代からスタジオを立ち上げている。DKS lamps は、Dresden にあるお城のミュージアムショップの為にデザインした照明。伝統的なシャンデリに変わるデザインを手掛けた。Neomodernist cuisine は拡張性のあるモジュールキッチンシステム。

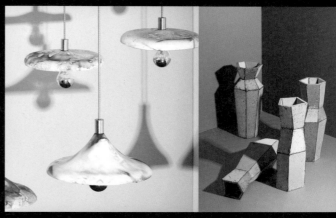

David Derksen
www.davidderksen.com

Design Academy Eindhoven 出身の切れ者デザイナー。数々のデザイン賞や企業とのコラボレーションも行っている。Neolith Lights シリーズは、Johan van Hengel とのコラボで製作された天然石ペーパーを使った吊り照明。Sine Lights はシート LED で、壁から離す事でグラデーション効果が美しい照明シリーズ。

KAE
www.zhekaizhangdesign.com

2018年にロンドンの RCA の MA を卒業し現在は、上海ベースに活動する Studio KAE。コーヒーの絞りかすにバイオディーゼルと砂糖を混入し、それを低温度（700-1000度）で焼成し焼き付けた照明の Coffire Lamp。Layer-glazing Vase は、色素入りのプラスターを面ごとに吹き付け、それを積層させて完成させている。新たな陶芸の技術実験のプロジェクトだ。

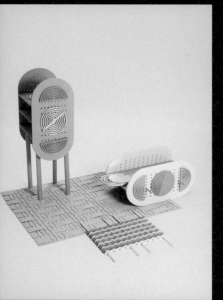

STUDIO MARFA

Kristel Laurits
www.kristellaurits.com

実験的な家具のシリーズ SOL を発表。「ソル」とは太陽を意味し、想起点は光への渇望。太陽は私たちの幸せな生活にとって重要な部分。なので太陽のように自分を幸せにしてくれる家具をデザインしたという事だ。色彩豊かで、ハッピーになれる家具という気分や感覚を模索するデザインは興味深い。

Studio Marfa
www.studiomarfa.com

オーストリア出身の二人組デザイナー Florestan Schuberth と Janis Fromm が2015年に立ち上げた Studio Marfa。コンセプチュアルデザインアプローチをモットーに活動している。2018年もサテリテに参加し LUNAR テーブルを紹介していた。今回の新作は背座に特徴を持たせた椅子 ANDY を発表。ウィーンの伝統的工法と言えば藤の編み込み。藤のメッシュを立体的に見せる事でモダンで造形的なフォルムを生み出している。

davide groppi
www.davidegroppi.com

イタリアの Piacenza で1980年創業の Davide Groppi。大型コントラクトライティングメーカーとして健闘している。新作の ChainDelier はチェーンとシャンデリアの造語。シャンデリアの現代版をデザインを模索する中、このデザインに行き着いたと言う事だ。鎖状の白金色のチェーンの繋がりの一部を照明をセットしたシンプルなデザインになっている。鎖と照明は無限の組み合わせが可能。木材のベースにジオメトリックの美しい球体シルエットが印象的な

Bert Frank
www.bertfrank.co.uk

Bert Frank はイギリスのコントラクト専門のライティングメーカー。Euroluce での出展では、多くの新作をリリースしていた。アール・デコのテイストにモダンインダストリアルスタイルをミックスした独特のスタイルが受けている。アール・デコの印象を残しながらポップなエッセンスをミックスさせている Spate、Rote、フロスト仕上げの球体ガラスと真鍮のアクセントの Rift、ペンダント、テーブル、壁付けバージョンが全て揃った Trave, シングルから3本吊りまで用意された Flagon、スリムでミニマルな Tanto は、2本の真鍮製非対称シリンダーを使った彫刻的美しさをが人気。

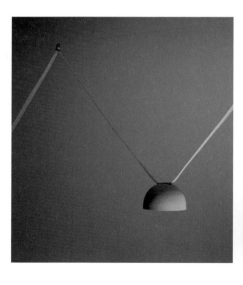

VIBIA
www.vibia.com

「Plusminus Work in Progress」Sebastian Herkner デザインによる Kontur シリーズは、現在開発中のプロダクトをリサーチ的に展示。残念ながら写真はオフィシャルに無いが、シンプルでポエティックな美しいコレクションを来シーズンに期待。Stefan Diez デザインの新作は、Plusminus。照明器具部分のストラップバンドを通し、本体はストラップ上に自由に固定出来る仕組みになっている。必要に合わせて光源を移動可能なフレキシブルなアプローチが新しい。こちらも試作品でリリース。

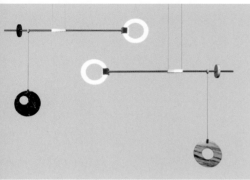

Resident

www.resident.co.nz

ニュージーランドのオークランドを拠点に活動しているライフスタイルブランドの Resident。Simon James と Scott Bridgens の共同オーナーで2011年に創業している。Philippe Malouin デザインのライティングコレクション Cast。大型のモジュラーペンダントシステムでシェードは全て鋳造型で製作されたファイバーグラス製(繊維強化ポリマー)大型だが軽量で耐久性の実用的な仕上がりになっている。Tim Rundle デザインの Bloom シリーズは提灯からヒントを得たデザイン。フロスト仕上げの柄付きのガラス製シェードと中身の LED 光源回りに被されたメッシュから発せられる光は独特な風合いを帯びた光になっている。

CT Lights

www.ctlights.gr

ギリシャのライティングメーカーでデザイナー兼オーナーは Chris Basias。2012年アテネで創業。今季はイタリアの Kundalini lighting とのコラボレーションスタンドを構えていた。Arges シリーズにはスタンドバージョンが登場。ライティング部分には数種類の形状を用意している。OLON シリーズはペンダントタイプで、円形のフレームに絡めたイヤリングのようなデザインに仕上がっている。TRIADIC コレクションは Oscar Schlemmer による Triadic Bauhaus Ballet のコスチュームデザインからインスパイヤーされたペンダントシリーズ。

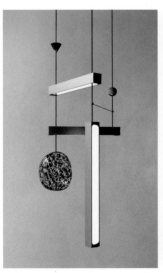

giopatocoombes

www.giopatocoombes.com

2006年創業のイタリアンライティングデザイナー兼メーカーの giopatocoombes。Cristiana Giopato と Christopher Coombes が共同オーナー。MILKY WAY は、大理石、真鍮、ムラノガラスを使ったユニークコレクション。宇宙の軌道を描くような美しい線種と立体的なシルエットは新たな秩序を創り出す。円形、楕円、モノコックな形状、リングや荒削りの大理石。バランス感覚だけを頼りに芸術的に仕上げられてゆく。ナイーブで空虚で有りながら、基礎的要素が繋がって共振する宇宙的アプローチのユニークなコレクションだ。

FOSCARINI

www.foscarini.com

イタリアのデザイン照明メーカーといえばフォスカリーニ。「光を創る」をメインテーマに新作をリリースしていた。展示会場の全体デザインは Ferruccio Laviani が担当し、まるで劇場のようなドラマティックな空間演出になっていた。コントラクト用のビルトイン照明などが10種類発表され、またアイコニックなプロダクトとして目立っていたのは、Ferruccio Laviani デザインの UpTown は90年代の都会的なテイストを組み込んだ温故知新なスタンド照明。また、技術面でのニュースでは、MyLight プロジェクトをスタート。Intelligent system を組み込んだ仕様で、APP を使ってその動作を制御可能になっている。

HEIMTEXTIL

IMM
COLOGNE

M&O PARIS
JAN

M&O PARIS
SEPT

Stockholm
Furniture Fair

AMBIENTE

Singapore
Design Week

MIART

SALONE
DEL MOBILE

NYC x
Design

ICFF NY

FORMEX

HABITARE

LONDON DESIGN
FESTIVAL

LONDON
DESIGN FAIR

Nilufar Depot

www.nilufar.com

巨大倉庫ギャラリーの Nilufar Depot は、ミラノのので最も有名なデザインハンティングスポット。今シーズンは2つの展示で迎えてくれた。タイトルは「FAR and New Sculptural Presence」ギャラリーの設立マニフェストに忠実な展示で、それは、3つのキーワード「Discovering, Crossing, Creating ／発見、交差、創造」に要約されていた。オーナーの Nina Yashar は、また今年も伝統的デザインの境界線を越え、新しい領域を発掘していた。今回キュレーターとして招かれていたのは Studio Vedèt ／ Valentina Ciuffi。展覧会のセットデザインを担当したのは Space Caviar ／ Joseph Grima。球体のスポンサーとして Space World Air が参加。「FAR」では近未来的アプローチによる若手デザイナー集団の作品を紹介。選び抜かれたこのプロジェクトの為のレアでリサーチベースの作品が集められた。Design:Alberto Vitelio、Audrey Large、Bram Vanderbeke、Destroyers / Builders、Johan、Viladrich、Julien Manaira、Michael Schoner、Odd Matter、Thomas Ballouhey、Wendy Andreu。同時開催の展覧会で、ロンドンのギャラリスト Libby Sellers がキュレーターを務めた「New Sculptural Presence」では、現代モダン陶芸家3人を展示。Irina Razumovskaya、Jonathan Trayte、Nao Matsunaga。
Nilufar Depot 内の BOXES というコーナーでは、ギャラリー扱いのクリエイターによる最新作を展示していた。Design:Analogia Project、Claude Missir、Derek Castiglioni、Domitilla Harding、Federico Peri、Hicham、Ghandour、Khaled El Mays、Nicolini / Bertocco、Nucleo、Rebecca Moses、Sophie Dries、Thierry Betancourt、Thierry Lemaire。

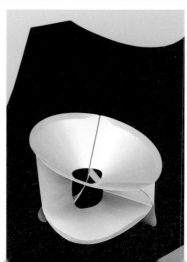

kvadrat x Raf Simons
www.kvadratrafsimons.com

ベルギーのファッションデザイナー Raf Simons とデンマークのテキスタイルメーカー KVADRAT による共同イベントが開催された。Raf Simons のテキスタイルコレクションがスタートしたのは2014年の1月に遡り、その関係から今回の共同展示によるアクセサリーコレクションのリリースとなっていた。デザイナーの美学をインテリアの細部にまで浸透させ、インテリアを美しく彩るための製品を発表。丹念にデザインされたクッションには、表情豊かでさまざまな色、織り、感触の組み合わせを実現するためのテキスタイルが並ぶ。3つのサイズで展開されるクッションは、椅子、ソファー、ベッド、フローリングやカーペットなどホームユースで使いやすい形になっている。クッション以外にも柔らかくさまざまな用途にご利用いただける4つのひざ掛けのスローも発表された。
「ブークレ、ツイード、コーデュロイなど、ファッションに由来するあらゆるクオリティに関心があります。家具用ファブリックは長持ちすることが求められるため、一定の密度が必要になります。その密度が、創造をより興味深いものしてくれたと思います」-- Raf Simons

LES ARCANISTES by Studiopepe
www.studiopepe.info

2019年の一番話題だった展示の「LES ARCANISTES ／錬金術師」サブタイトルは「THE FUTURE IS UN／WRITTEN／未来はまだ描かれていない」 ミラノのスタイリストスタジオ Studiopepe によるユニークなスタイリング展示となっていた。市内の展示会場は、以前金の精錬工場だった跡地を借り切って開催された。1階と地下室に別れ、全部で9部屋別のプレゼンテーションになっていた。全てのスタイリング、新作やビンテージ家具のセレクトや特注仕上げなど、時間が許す限りじっくりと体験したくなる充実した内容の展示になっていた。受付で紙コップを渡され、後のお楽しみですと言われ、暫く中を巡回しているとゆっくりとした動きの白い大男が水瓶を差し出しながら踊っていたり、地下展示では、床一面に塩を敷き詰め、その奥では厚化粧をした占星術師が未来のお告げを言い放つ。所どころに奇抜かつ的確で、シンボリックなアプローチによる、新たなスタイリングの世界を展開していた。プロジェクトのマニフェストは「物質とシンボルの典型的な力との強力な相互関係に関するリサーチ。物質は母国のラテン語で mater に由来します。物質は錬金術プロセスの基本的な要素です。物質を偽造することにより、人類は自己と宇宙の認識にアクセスを開始した。アーキタイプ／原始的なアプローチの世界へのアクセスは、MATTER と SPIRIT の完全な一致によって可能になる」

Anton Alvarez
www.antonalvarez.com

スウェーデンのデザインアーティスト Anton Alvarez によるワックス／蝋とブロンズの展覧会「L'ULTIMA CERA ／ THE LAST WAX」が
ミラノ市内の San Bernardino 教会で開催された。温めたワックスを詰めた、Extruder と名付けられた直径約70cmm 程のシリンダー
を天井から吊るし、6000ポンド／約2.7トンの圧力でワックス押し出す。水を張ったプールにはデザイナーが押し出されてくるワックスを
バランスよく整えながら水の中に押し流してゆく。様々な押し型で形状を操作し、ワック型からブロンズへを焼成されて完成に至る。自由
な造形手法は彼の得意とするデザイン構築プロセスだ。全ては一点物で、ミラノ市内にあるブロンズの鋳造工場で製作されている。今回
のプロジェクトの製作手法やそのユニークな構想は、彼にとって更に進化した大きなステップになったに違いない。

HEIMTEXTIL

IMM COLOGNE

M&O PARIS JAN

M&O PARIS SEPT

Stockholm Furniture Fair

AMBIENTE

Singapore Design Week

MIART

SALONE DEL MOBILE

NYC x Design

ICFF NY

FORMEX

HABITARE

LONDON DESIGN FESTIVAL

LONDON DESIGN FAIR

Formations by Tarkett

www.tarkett.com   www.notedesignstudio.se

巨大複合企業の床材供給メーカーの Tarkett。スウェーデンのデザインスタジオ note design studio とのコラボレーションで床材の新たな可能性を提案していた。リノリウムやビニール性のフロアタイルは70年代から現在まで様々種類のものが市場展開されている。このような建築材料のアップデートを試みる提案となっていた。2019年の2月にストックホルムで開催した同社のコラボレーションがここミラノで開花させた形になっている。会場内にはポール状の大きな柱が並び、ポールには iQ Surface というリサイクル材料が曲面で施工されている。また2階の図書室では、同じ材料を活用した様々な色彩のジオメトリックで建築的な要素を取り込んだオブジェがディスプレイされていた。25％がリサイクルで製作されている iQ Surface は、最小限にゴミを出さずに製造されることを目的に製品化された素材になっている。ローコストで耐久性の高い素材の未来の可能性を探っていた。

GOOGLE「A Space for Being」

Google と Johns Hopkins University's Arts + Mind Lab による「A Space for Being ／健康に良い空間とは」が開催された。neuroaesthetics ／神経美学の概念を取り入れ、Google が開発中のバンド型身体用ディバイスを身につけ演出された３つの部屋「Essential」「Vital」「Transformative」を体験する。刻まれた心拍数によって、どの部屋が一番センセーショナルで身体的に印象に残ったのかを最後のコンサルテーションで知ることが出来る。バンドと誘導センサーによる各部屋での行動パターンから予測される個人の情報は、円形の美しい水彩画のグラフィックによって視覚的に優しく馴染む感じで受け取ることが出来る。非常に人気のインスタレーションで、体験まで約４時間掛かる日もあった話題のイベントになっていた。

Perfect Darkness by Elisa Ossino
www.design.elisaossino.it

ミラノのインテリアアーキテクトでデザイナーの Elisa Ossino が手掛けたインスタレーションの「Perfect Darkness」彼女の所有する1700年代のヴィンテージアパートメントを１年掛けて改装。約10社協賛スポンサーとメディアパートナーには KINFOLK と ARK JOURNAL を迎え開催された。創造性の境界線を越え、情熱的で詩的な空間演出は、その室内の色彩の操作方法や組み合わせから、花瓶一個のディスプレイまで全ての演出が「今」の感覚を刺激する。イノベーティブでオーセンティックな感覚をバランス良く融合させ完成された空間。彼女の控えめな性格からは想像も出来ない素敵な世界が展開されていた。

Artek
www.artek.fi

フィンランドと日本が外交関係樹立100周年を迎える2019年、アルテックは「FIN/JPN フレンドシップ コレクション」を発表。FIN/JPN フレンドシップコレクションは、フィンランドと日本の両国に古くから伝わる伝統技術やデザインと現代における最新のデザインを融合した製品のシリーズ。フィンランドの暮らしと文化に深く根ざしてきたアルテック、世界に類を見ない両国の深い親交を祝福し、フィンランドの建築家 Linda Bergroth が手掛けるインスタレーションにより、両国の先鋭的なデザイナーを起用した。建築家でありデザイナーの長坂常の「カラリン」という手法を用い「スツール60」、「153 ベンチ」、「901 ティートロリー」の表面仕上げに応用。空間・プロダクトデザイナーである二俣公一は、「キウル ベンチ」をデザイン。これはフィンランドのサウナと日本の銭湯・温泉や公衆浴場の文化に着想を得ている。「スツール60 藍染」は、徳島県の藍師・染師である BUAISOU（ブアイソウ）とのコラボレーション。また、日本のファッション・テキスタイルデザイナー皆川明による書籍「ああるとのカケラ」も同時にリリースしていた。

PoggiUgo
www.poggiugo.it

Martina Gamboni／Strategic Footprints 事務所の屋上で開催された「Land by Masquespacio」PoggiUgo は1919年創業のフォレンツェを拠点にするテラコッタメーカー。スペインのデザイナー Masquespacio とのコラボレーションで実現した19種の新たなテラコッタのコレクションを発表した。

108 Salone del Mobile.Milano

FENDI Casa
www.fendi.com

ロマンティクなムードでアイコニックなホームファニチャーコレクションを発表した FENDI。「BACK HOME」コレクションでは今季デザインコラボレーションが 2 回目を迎えたインテリアアーキテクトでデザイナーの Cristina Celestino を起用。FENDI のアイコニックなグラフィックの「Pequin／ペカン」のストライプをモチーフにした新たな家具コレクションをリリースした。家具部門の製作はイタリアの Luxury Living Group が担当している。TERRACE、ENTRANCE、WAITING ROOM、DRESSING ROOM、LIVING の各部屋向けの新作が登場していた。

SIX GALLERY / SISTER HOTEL
www.six-gallery.com

2017 年にミラノ市内に誕生した SIX GALLERY。横断的ライフスタイルを提案する場所。デザイン、建築、アート、アンティーク、ガーデン、フードなどライフスタイルに欠かせない要素を詰め込んだクリエイティブプラットフォームとして親しまれている。次のフェーズとして取り組んでいたのは宿泊施設のプロジェクト。今回はその新規オープン予定のホテルの内装一部をプリビューとして紹介していた。新たにオープン予定のホテル「SISTER HOTEL」ではこだわり抜いた SIX GALLERY スタイルの世界観十二分に伝わるインテリアになっている。細部へのこだわり、例えば、陶器製のスイッチ類やバスルームのシンクやフィクスチャー、イタリアンヴィンテージ家具のコレクションも素敵だ。SIX GALLERY オリジナルデザインの家具や照明なども設置され、気に入った家具類は購入可能だ。朝食は併設されるビストロの Sixième でサーブされる。こちらもミラノのクラシックな定番スタイルのレストランで、パティオで食べる朝食は格別な気分に違いない。

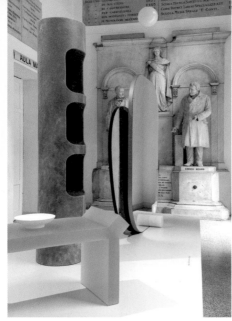

Theoreme Editions

www.theoremeeditions.com

パリで活動するデザインジャーナリストの David Giroire とクリエイティブディレクター Jerome Bazzocchi による新たなキュレートレーベルが誕生。二人の興味は自分の好みのクリエイターやデザイナーとのコラボレーションし、彼らとの創作活動で生まれる刺激的な作品を生み出すこと。リミテッドエディションで限定作品のみを取り扱うブランド Theoreme Editions を立ち上げた。Designer:EMMANUELLE SIMON、FRANCESCO BALZANO、GARNIER LINKER、JORIS、POGGIOLI、SERVICE GÉNÉRAUX、STUDIO POOL。

DIMOREMILANO「INTERSTELLAR」

www.dimoremilano.com

Dimoremilano：Britt Moran と Emiliano Salci の絶え間なく進化する創造的なアプローチの結果として、生まれた新たなレーベル。Dimorestudio の家具、ファブリック、オブジェクト、アウトドアコレクションで構成される新しいブランドだ。このレーベルでは、歴史的および現代的なデザインギャラリーである DIMOREGALLERY に加えて、住宅、ホスピタリティ、小売プロジェクトに対する Dimoremilano の360度的アプローチで幅広くニーズに対応したサービスを提供する予定だ。
今回の「INTERSTELLAR」では、堅牢でドライな感覚を演出。濃い色彩の演出空間には、冷熱を感じさせるアルミニウム、ラッカー、ブラッシュド＆ポリッシュドスチール、ブロンズ、ラミネート表面などの冷たいが手触り感のある素材を使った奇抜な家具コレクションによる新しい方向性を示していた。

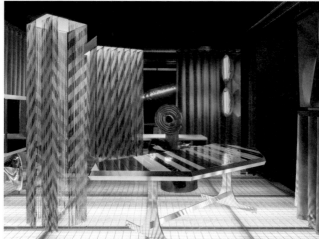

The Socialite Family

www.thesocialitefamily.com

オーナーの CONSTANCE GENNARI のファミリールーツはイタリア。そんな彼女のルーツを改めて探り、現在暮らしているパリの生活スタイルと自身のイタリアファミリーのルーツを掛け合わせた生活スタイルを表現したブランドだ。2017年にオンラインショップとしてスタート。全てオリジナルデザインで製作され、家具、照明、デコレーションやアクセサリーなど幅広く提案している。「ファミリー生活をもっと豊かに」をコンセプトに新しい若い家族生活層へのスタイル提案が面白い。

Palermo Uno

www.palermouno.it

デザイナーの Sophie Wannenes が2018年11月に新たにリニューアルしたブランド Palermo Uno。若手デザイナーを公募し、彼らの作品を取り入れながら、実験的なアプローチを元にギャラリー形式のショウルーム＆ショップを実現していた。アーティスト、デザイナー、クリエイターなど創作活動をする若手タレントを発掘し、Sophie Wannenes のアドヴァイスの元に作品作りを手がけている。取り入れられた作品は、この Palermo Uno のギャラリーで販売してゆく予定だ。今回は37組のデザイナーやクリエイターが参加していた。

HARU 「stuck-on design」
www.haru-stuckondesign.com

テーマは「Color Appreciation ／色を鑑賞する」貼ってはがせる空間装飾テープブランド「HARU stuck-on design」は、「色を貼る」という発想で生まれたプロジェクト。クリエイティブディレクターに SPREAD を迎え、今季で4回目の出展だ。極限まで発色にこだわった48色テープグラフィックが、880㎡もの広さのスペースで「光と影」「都市と自然」「必然と偶然」のサブテーマで、色や空間の中に存在するコントラストを体感できるイベントを開催した。

M-L-XL
www.m-l-xl.org

ロンドンのデザインスタジオ M-L-XL (Medium, Large, Extralarge) 2人組 Marco Campardo と Lorenzo Mason のデザインスタジオ。今回は家具シリーズの Elle コレクションを発表。鋼材の L 型を使った家具のプロジェクトで、日常的に利用可能な素材を活用して家具を製作している。家具は全て車などの塗装に使う holographic paint を使い、日常感と非日常感を共存させた仕上げになっている。

LAMBERT & FILS 「Caffè Populaire」
www.lambertetfils.com

カナダはモントリオール拠点のハイプロファイルなデザインライティングメーカーの LAMBERT & FILS。Alcova の中央空間にポップアップのカフェ&レストランを実現。特別ディナーレセプションを開催。Caffè Populaire のコンセプトは「共有とコラボレーションへの価値」現実を創り出すためには、寛大で調和の取れた人間同士の出会いを大切にすることが大事。古い考えかも知れないが、食事を共にすることでそれが可能になる」とオーナーの Samuel Lambert と DWA DESIGN STUDIO の2人組 Frederik De Wachter と Alberto Artesani はコメントしていた。

Panter & Tourron
www.pantertourron.com

Panter & Tourron が発表した Tense は、家具の研究リサーチプロジェクト。グローバル社会でのモビリティと流動的なアイデンティティとは何か？時代における生活の進化を探る試みだ。現代のマルチローカリティとは何か？ 多様性を兼ねた実用的家具とは？ 5つ新作を発表した。ネオ遊牧民の必需品とも言うべき作品で構成され、どのプロダクトも斬新。彫刻的造形と革新的な素材使い特徴。持ち運びが簡単で、工具不要。素材の伸縮とツッパリ感で構造化する。いつでもアセンブル可能で、簡単な手順で組み立てする事か可能だ。

alfa.brussels
www.alfa.brussels

若き振興デザイナーを発掘し世界へとデビュー導く。新たなラディカルデザインの発信を司る alfa.brussels。実験的で究極のエッジィなコレクションで話題になっていた。デザイナーでヴィンテージコレクターそしてこの創立者でもある Boris Devis は、先進的なアイデアに眠る希望と遊び心ある感性を大事にしている。このイベント以外にも Alcova Sassetti でも MORPH というイベントをサポートするなど、今年が彼にとっての攻めの時期である事は間違いない。ラディカル、リサーチベースで実用的なコレクションを集め、彼はそのコレクションを「Functional Art」と名付けていた。新たな境界線への挑戦がここミラノから始まっていた。

SECONDOME
www.secondome.biz

Gio Tirotto のアーティストコレクション「Intimate Phenomena」を発表。形状と材料に関するリサーチプロジェクトだ。想像力の為の道具とは何か？を起点に、彼の想像力を掻き立てるモノとは何なのか？そしてそれらはどのような素材で、形で、大きさで、どんな感情を持っているのか？ 「親密な現象は私たち全員に起こります。サイズや期間の異なるイベント、私たちは不思議にそれらを観察し、好奇心からそれらを探ります」 研究と実験室でのテスト（物理学と化学）からインスパイヤーし、それをベースに考えられた「想像力のための道具」のコレクションをデザインしていた。

Studio Furthermore
www.studiofurthermore.com

ロンドンのデザインスタジオ Studio Furthermore は新作のコレクション Moon Rock シリーズを発表。まるで月の鉱石を削り出して製作されたような風合いの素材は実はアルミニウム製。宇宙的な佇まいの素材感は、スポンジを活用して製作されいる進化系のプロジェクトだ。

HEIMTEXTIL

IMM
COLOGNE

M&O PARIS
JAN

M&O PARIS
SEPT

Stockholm
Furniture Fair

AMBIENTE

Singapore
Design Week

MIART

SALONE
DEL MOBILE

NYCX
Design

ICFF NY

FORMEX

HABITARE

LONDON DESIGN
FESTIVAL

LONDON
DESIGN FAIR

Alcova Sassetti

www.alcova.xyz

2018 年に大人気だった Alcova は 2019 年に 2 ヶ所のロケーション
で開催。Alcova Sassetti はミラノ中央駅北部の Isola 地区にある、
1930 年代からのカシミアの製造工場の跡地 (Fabbrica Sassetti)。
こちらのコラボレーターは Alice Stori Lichtenstein と Fondazione
Kenta が担当している。

Studio Minale-Maeda

www.minale-maeda.com

ロッテルダムで活動している2人組プロダクトデザイナー MINALE-MAEDA(Kuniko
Maeda、Mario Minale) フランスの科学者で貴族だった Antoine-Laurent
de Lavoisier の 言 葉「Nothing is lost, Nothing is created, everything is
transformed ／何も失われず、何も作成されず、すべてが変換される」を例に、新作を
リリースしていた。電気亜鉛メッキ工程を再考し、使用済みのメタルパーツを再メッキ加
工し(メッキ加工する事で鉄は痛まずに再生する事にヒントを得ている) それらのパーツ
を組み合わせて構築した新たなオブジェのプロジェクトだ。現状況と、その答えのない
質問には、私たちも知らない境地を境界線を越えやってくると言うことだ。

BlocStudios

www.bloc-studios.com

新作のデザイナーは、Federica Elmo、Odd Matter、Studiopepe とのコラボレーショ
ン。3つの新しいシリーズのオブジェクトを発表していた。大理石の石切り場をファミリー
に持つ BlocStudios (Sara Ferron Cima & Massimo Ciuffi) だからこそ可能になる
マーブルの限界を越えた新しいアプローチで新作をリリースしていた。「新しい造形を
生成する旅」では、フォルム、色彩、素材の探求と、その革新的な組み合わせや技術
の見直しと再構築を基礎に、石材の可能性を探っていた。Fat rolls by Odd Matter
studio、ONDAMARMO by Federica Elmo、Affinità Elettive by Studiopepe.
Installation by Justin Morin & 4 Spaces Textile.

Morph Collective

www.morph.love

今季のミラノで底抜けにぶっ飛んでいた展示が印象的だった Morph。15人のデザイナー
コレクティブによる、物理的およびデジタルアーティファクトの流れを汲んだ企画展。静
止画や動画、空間、音声、ボリューム、オブジェクトなどのさまざまなクロスメディアの
デザインワークを融合した奇抜な取り組みだ。テーマの「Dissolving Views ／見解：視
点の溶解」説明し辛いが「今までの経験上にある見解／視点を超える新しさを提供する」と
言うに事に近いと感じた。物質の連続的な変換としてのモーフィング(これはデジタル、物
理、移動、有形、不可視のいずれであっても) は、事前に定義された分野を超えた可能性
に徐々に形を超えてプロセスとして変化しながら着地点を模索する行為。このモーフィン
グの流動的なアプローチこそが今回のテーマに結びつく。展示空間に奇妙に馴染みなが
ら不思議な感覚を作り出している自分の感性を意識したのは言うまでもない。

NERO design gallery

www.nerodesigngallery.com

テーマの「Unexpected Bunker」は、展示会スペースが工場跡地の隠れた倉庫部屋
で、覗きに入るとそこには繋がった奥へのスペースが更に奥の奥へと広がる為だ。今回
は、3人のアーティストとデザイナーの作品を展示。コンクリートとソフトタイルのプロ
ジェクト「GUERRA FREDDA」はヴィンテージタイルを使ったブルータリズムを感じさ
せる作品。Design:Duccio Maria Gambi デンマーク出身のデザイナー FLENSTED
MOURITZEN による REVOLVE FOR NERO はギャラリーの為に製作したファンクショ
ナルオブジェとアートオブジェの間をあえて彷徨う作品。グラフィックのプロジェクトでは
ケープタウン出身の ALEXIS CHRISTODOULOU のデジタルアートも紹介していた。

BINOCLE SIX
www.binocle.it

デザイナー Lorenzo Bini が2011年に立ち上げたインテリアアーキテクト＆デザインスタジオ。SIX TABLEUX プロジェクトは、BINOCLEによって設計され、ATZARA MARMI によって製作された一連の大理石のテーブルコレクション。全てイレギュラーでユニークな天板は、石材の端材を有効活用したものだ。デザイナーはこのオリジナルの石材の形を理解した上で、有効的かつ美しい形状のフォルムで仕上げてある。独自の色彩と特徴を生かした全ての大理石は、同じスラブから抽出されている。また、大理石はイタリアの採石場から採掘された材を使用している。

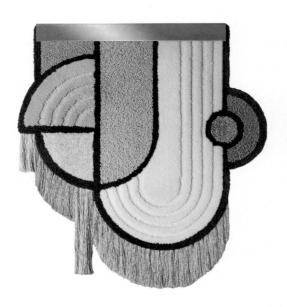

Bohinc Studio - KASTHALL X LARA BOHINC

「FROM THE SUN TO THE MOON」ミラノで活動するデザイナー Bohinc Studio の LARA BOHINC とスウェーデンの高級カーペットメーカーの KASTHALL によるコラボレーション展示が開催された。LARA BOHINC のシグネチャースタイルは、大胆でありながら軽快で、グラフィカルでありながら流動的で、厳格だかフェミニン的な匂いを含んだ、心地よい矛盾が混在するスタイルが特徴的だ。禅寺の石庭からヒントを得たカーペットとクッションのシリーズ WEST OF THE SUN や EAST OF THE MOON。またハンドタフティングで製作されている壁がけテキスタイルの SOUTH POLE & NORTH POLE も新作でリリースしていた。

HEIMTEXTIL

IMM COLOGNE

M&O PARIS JAN

M&O PARIS SEPT

Stockholm Furniture Fair

AMBIENTE

Singapore Design Week

MIART

SALONE DEL MOBILE

NYCx Design

ICFF NY

FORMEX

HABITARE

LONDON DESIGN FESTIVAL

LONDON DESIGN FAIR

CC-tapis

www.cc-tapis.com

太陽系からデトロイトシティの深部まで、Spectrum シリーズは 6 人のデザイナーを起用したアウトオブザワールドコレクションを発表。Martino Gamper はテクニカラーのチェス盤をイメージした複数の次元チェッカー柄コレクション。Patricia Urquiola はフォードの自動車工場で色を採掘した fordite シリーズ。david/nicolas は、ベイルートでの長い昼食時に見た三角形からインスパイヤーした Plasterworks シリーズ。Germans Ermičs は色彩のグラデーションの模索。Maarten De Ceulaer は希少な鳥のハンティングのイメージ。Studiopepe の lunar addiction は異素材、異形のミックス感の融合をイメージ。最後はインハウスデザイナーによる 5 種類の rug invaders コレクション。

BRUT Collective

www.brut-collective.be

今季の BRUT はベルギー、フランダース出身 4 人のデザイナーによるデザインコレクティブ。彼らのモットーは「Bold movements & emotions beyond functionality ／機能性を超えた大胆な動きと感情」建築的、彫刻的、感情的な感覚を現代デザインで表現することを目的にしている。今回のテーマは「On Bodem (soil) ／土」それぞれのデザイナーが感じる「土」を取り入れた作品をリリースしていた。

COLLECTION PARTICULIERE

collection-particuliere.fr

ミラノでの展示タイトルは「objets de nécessité ／必需品」新作は Anthony Guerrée デザインのラウンジチェアー SAINT-LOUP。Marcel Proust の書籍「In search of lost time」からインスパイヤーされたもの。イタリア人の情熱的な建築家の Luca Erba は伝統的なイタリアの六角形タイル Variegato Lombardo の色彩からヒントを得たサイドテーブル TERRA を発表。シンプルなタイルながら、テラコッタ色からマーブル状の柄など、16 世紀からの伝統的なタイル工法をリスペクトしたコレクション。

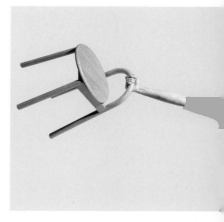

Design By Them

www.designbythem.com

インダストリアルデザイナーの DBT ／ Sarah Gibson、Nicholas Karlovasitis とオージーのファッションデザイナー Dion Lee とのコラボレーションが実現。DL コレクションでは、ベンチ、ラウンジチェアーを、彼女のアイコニックなファッションの彫刻的なディテール使いで仕上げられていた。DL チェアーの構造デザインは Gibson Karlo が手掛けている。

CONDEHOUSE

www.condehouse.co.jp

人間の well-being ／幸福な状態／豊かさとは何かを求めた結果、その疑問のもとに NUPRI のデザインを考えた際、テクノロジーと天然素材の関係、また人と人の間での調和とは何かを模索しつつ、かつ、家具を通してその最適なバランスを環境に求めるとしたら、それは身体がオブジェクト／物質の延長であると言う考え方に至ったと言う事だ。調和の原則から始まる、幸福と快適なデザインを目指した NUPRI シリーズだ。別会場では「ジャパンクリエイティブ」から生まれた Raw-Edges デザインのクラストチェアーシリーズも発表された。

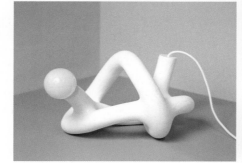

Design Switzerland Milano

www.designswitzerland.ch

世界最大級のホームおよびコントラクトテキスタイル見本市「ハイムテキスタイル」。ドイツのフランクフルトで年に一回開催されている。テキスタイル業界の未来動向を担う重要な展示会の一つで、業界関係者を中心にデザイン、建築関係など、幅広いプロフェッショナルな客層も多く集う。出展製品の品質や幅広さ、ならびに新たなシーズントレンドと今後の業界動向に関して活発なビジネスが確立する。

HEIMTEXTIL

IMM COLOGNE

M&O PARIS JAN

M&O PARIS SEPT

Stockholm Furniture Fair

AMBIENTE

Singapore Design Week

MIART

SALONE DEL MOBILE

NYC x Design

ICFF NY

FORMEX

HABITARE

LONDON DESIGN FESTIVAL

LONDON DESIGN FAIR

DUTCH INVERTUALS

www.dutchinvertuals.nl

「THE CIRCLE」の象徴は、統一、完璧、無限の究極のシンボル。 ファウンダー／アートディレクターの Wendy Plomp 曰く「前進するために、私たちは常に新しい未来を探求し、常に自分自身を改革し、デザインの新しい分野を探求することに焦点を当てている」 10周年を記念して、Dutch Invertuals は、世界で最も象徴的な形状の1つであるサークルを再設計する旅に出た。若手デザイナーの最新のセレクションは新鮮で自由意志に忠実。批判など微塵も恐れずに自らの問いの答えを求め続けていた。彼らにとって創造とは、その形状を想定して挑戦することにより、無制限のアプローチに対する洞察を象徴化する行為。彼らは、すでに完璧なまでのものを個人の中に保有し、その独自の見解をここで実現化していただけなのかも知れない。

Draga&Aurel

www.draga-aurel.com

「Transparency Matters」ミラノの北部にある COMO で活動する Draga&Aurel。彼らの最新のクリエイティブは、一言で言えばノスタルジー x エクスペリメント。ミニマルな全体的なフォルム感と、シンプルでボリューム感のあるレトロフューチャリスティックなスタイル。スペースエージデザインと視覚芸術作品の融合のような刺激的な新作リリースとなった。素材は、色彩レジン、ブロンズ、真鍮、鋳造ガラスとヴィンテージ家具。鉱物色ベースの色彩が印象的なコレクションだ。

Dzek x Formafantasma
www.dzekdzekdzek.com   www.formafantasma.com

「ExCinere」ロンドンの建築材ブランド Dzek は「ExCinere」プロジェクトを立ち上げた。デザイナーにはイタリアのデュオデザイナー Formafantasma を迎えていた。デザイン系の建築材タイルの中では、釉薬に volcanic ash ／火山灰を使ったアプローチは未踏の場所。Formafantasma の声で、イタリア火山／ Mount Etna の火山灰の可能性を感じた Dzek は、この火山灰タイルプロジェクトを推進することにした。鉄分の含有率が高く、不安定で困難な素材ではあったが、タイル生地の素材を改良する事で、独自のメソッドとレシピを実現させていた。自然素材の無限の可能性を感じるプロジェクトとして注目されていた。

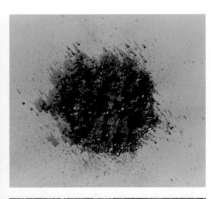

Fucina
www.fucinadesign.com

新作の「Symposia」コレクションでは「Conviviality ／共感」をテーマにした新作を発表。メタルファニチャーコレクションに参加していたデザイナーは Cecilie Manz、Maddalena Casadei、Jun Yasumoto の３人。FUCINA は、Brianza を拠点に活動するメタルメーカー Lidi のニューレーベルとして 2018 年に始動している。引き続きアートディレクターには Maddalena Casadei が就任。今回も、ハイエンドなスチールファニチャーを発表していた。

Grand Seiko
www.grand-seiko.com

新たな視点と価値を生み出し続けている日本のデザインデュオ we+ が参画した「FLUX」
会場のインスタレーションでは「精緻さ」の先に垣間見える「時の移ろいとはかなさ」を、流体をメタファーとして表現。液体で満たされたプールの上に点在する時計やパーツ群に光が注がれると、その下の液体もまた光りはじめ、ゆっくりと流れ、広がり、空間に溶けてゆく。さらに、光の流れに時の移ろいを感じさせる映像が呼応し、空間全体を包み込む。時の移ろい、流れの可視化を試みることで、技術と感性の調和の先に存在するスプリングドライブのミクロコスモス、グランドセイコーの思想を体感する展示になっている。阿部伸吾による「movement」では、流れる川のように、滑らかに流れる時をそのまま映し出すスプリングドライブが作り出す「時間知覚」の緩やかな変化、そんな数秒のこころの小旅行を投影した映像作品を製作していた。

Gufram @ 1STDIBS SKYHOUSE
www.gufram.it   www.1stdibs.com

世界最大のオンラインアンティークショップ 1stdibs と Gufram の展示が SKYHOUSE で開催された。Eden Skyhouse のプライベートイベント会場で、クラシックなデザインコレクションは Disco Gufram の世界観を完璧に実現。1970 年代にインスパイアされた家具と室内装飾品、1954 年に建てられたポルタヌオーヴァ近くの 30 階建てのルイジマッチオーニ設計の高層ビル、同ビルにある 29 階の自宅部屋は Disco Gufram と化した。Bar Alto と名付けられたスペースは、理想的な異空間を実現していた。

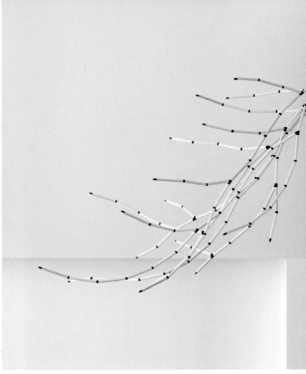

Jun Murakoshi
www.junmurakoshi.com　www.arakawa.jp

2,500本以上の木材のピラーを使用したデコレーショナルな家具アクセサリーシリーズ「Equilibrium」を発表した。エクステンションシステムのこの家具シリーズは、小さなピラーを連結する事で空間を装飾することが可能になる有機的なアプローチによるデコレーショナルアクセサリー。穴の空いた小枝のようなピラーには Hand puller と言うグリップがあり、ピラーエンドの角度と、そのグリップされたワイヤーのテンションバランスで自然の樹木が成長するような、無限の連結と広がりを可能にしている。

KARIMOKU NEW STANDARD
www.karimoku-newstandard.jp

今季で10周年を迎えていた KARIMOKU NEW STANDARD。サローネ会場と市街での2拠点での展示を実現していた。今回は、照明、キッチン、屋外家具、アクセサリーなどを網羅した新作を発表。デザイナーは、Christian Haas、BIG-GAME、Scholten & Baijings、GECKELER MICHELS、Moritz Schlatter、Dimitri Baehler など、幅広いデザイナー層とのコラボで新作をリリースしていた。2つの展示会場のデザインディレクションは David Glaettli が担当。

HEM
www.hem.com

Hem はスウェーデンの Direct-To-Customer ビジネスモデルの家具ブランド。約400種のプロダクトレンジに34カ国の取引先を持つ、今回は、デザインライフスタイルマガジンの Modern Design Review とのコラボレーションを実現。Supergroup の2人、John Booth と Ian McIntyre によるプロジェクト Superscene を発表した。セラミック製の彫刻ピースは、一点物の限定品でリリースされていた。同時に、hem は Modern Design Review セレクトのアクセサリーラインも発表。また、Max Lamb とのテーブルやベンチのプロジェクトや Lucidi Pevere の新作もリリースしていた。

HEIMTEXTIL

IMM
COLOGNE

M&O PARIS
JAN

M&O PARIS
SEPT

Stockholm
Furniture Fair

AMBIENTE

Singapore
Design Week

MIART

SALONE
DEL MOBILE

NYC x
Design

ICFF NY

FORMEX

HABITARE

LONDON DESIGN
FESTIVAL

LONDON
DESIGN FAIR

Kiki Joost
www.kikiandjoost.com

共感の欠如という現代の問題の1つであると考えられるものに対して、「接続する事」とは何かを？を探っている。自然と人間のつながり、潜在意識の創造性と身体表現、異なる分野の交差と素材の可能性を探る。Kiki van Eijk will が提案したのは、自然な動物の形を模したセラミック製の LED 照明「Free Form」、空間と建築の関係を研究する「Space Poetry」。Joost van Bleiswijk は、彫刻的で非実用的なオブジェの「Curved and taped」、独創的なフォルムで相互接続されたオブジェ「Interlocking Panels」を発表した。

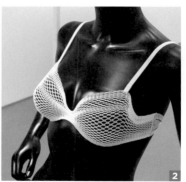
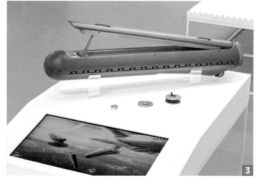

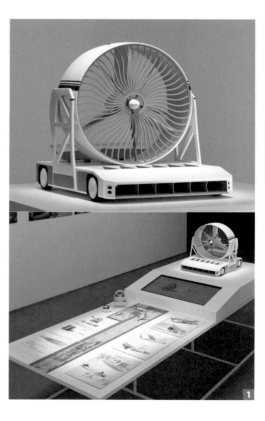

Lexus Design Award 2019
www.lexus.jp/brand/lexus-design/design_award

通算7回目を迎える本アワードでは、世界65ヶ国／地域から1,548点、うち日本国内からは103点の 応募があり、総応募数は昨年に引き続き過去最高を記録している。審査基準となる3つの基本原則「Anticipate（予見する）」、「Innovate（革新をもたらす）」、「Captivate（魅了する）」をいかに具現化しているか、という点が評価される。本年度は、テクノロジーの活用によりアイデアを次の次元へと引き上げ、私たちの生活を直接的に向上させうるパワーを持った、革新的なデザインソリューションが受賞作品として選ばれた。受賞作品のテーマは、海洋汚染の新しいソリューションやエネルギーを再利用するデバイスの開発、災害に適応するデザインなど、環境を背景とした取り組みに関するものが多くを占める結果となった。

1 Green Blast Jet Energy
ディミトリー・バラショフ（ロシア）
航空機が離陸する際に噴射する膨大な風力を収集し、空港で活用が可能な電力エネルギーへ変換する発電装置。

2 Algorithmic Lace
リサ・マークス（アメリカ）
3Dのレースを作る新しいメソッドを用いて製造された、乳房を切除した人のためのカスタムメイドのレース製下着。乳房切除手術後に多くの方々が抱く下着への不快感を取り除き、彼女たちの新しい人生に自信を与える可能性を秘める。

3 Hydrus
シュージャン・ユアン（中国）
沖合の重油流出事故に対する応急回収装置。重油回収にかかる多大な労力と時間を遠隔操作により効率化し、内蔵されたスキマーや分解菌を用いて迅速に海上の油を回収・分解する装置。

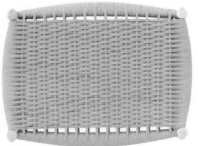

MATTEO THUN & PARTNERS
www.matteothun.com

1980年にミラノと上海で始まった建築家事務所。ホスピタリティー、レジデンス、リテールやアーバンデザインなどを主に手がけている。今回は一人がけの椅子NUDESを発表。軽量感がありピュアでタイムレスなデザイン。彼らの実務経験から知り得る技術の高い木工職人とのコラボレーションで実現されている。100%ハンドメイドのこの椅子は、イタリア、ジェノバの家具職人 Fratelli Levaggi によって製作されている。

LOCAL MILAN
www.localdesign.com.au

オーストラリア系デザイナーのコレクティブショウが開催された。キュレーターは LOCAL DESIGN の Emma Elizabeth。彼女はデザイナー、スタイリスト、クリエイティブディレクター、キュレーターとして参加している。44名参加の大型展示となっていた。コンテンポラリーオーストラリアンデザインの凝縮がミラノで紹介されていた。自然な風合いを感じさせる素材感、石材、フローリスト、サウンドスケープ職人、DJ など玉石混合のユニークな展示会となっていた。

Marimekko
www.marimekko.com

フィンランドのライフスタイルブランドのマリメッコではユニークなコンセプトによる展示を開催していた。「Shoppable home concept」では、展示物全てにQRコードがつけられ、直ぐその場で希望の商品がオンラインで購入出来る仕組みを提案していた。これは、展示会自体が新製品を知って貰ったり、顧客から意見を貰うだけのことでは無く、コストの掛かるミラノ出展では、どうやって回収していけばいいか?と言う問題と、オンラインでの購買が当たり前になる中、如何にダイレクトに消費行動を起こして貰うかを、最短距離で考慮されたビジネスモデルを提案していた。伝統的なリテールの在り方を変革する時代に相応しい展示になっていた。

Atelier Avéus

www.atelieraveus.com

プロモーションエージェンシーの Martina Gamboni のショウルームで開催されていた「The symbolic room」フランス出身の建築家でデザイナーの Morgane Roux-Lafargue の考えるインスタレーション「Land」では、ミニマルで瞑想的空間とは何かを提案。シンボリックなオブジェクト、典型的なイメージによる空間構成で、自身の内観への旅を楽しんで貰うためのメディテーティブな環境を実現していた。このミニマリストでありながらインパクトのある環境では、スピリチュアリティを大事にし、部屋に特別な雰囲気を与える事も考慮した床には、強い青色のカーペットを取り入れている。キーワードは、シンボリック、ジオメトリック、原素材、螺旋、伝統的な寺院、精神性と平和、瞑想世界、ヒーリング、時間と重力。

Atelier Février

www.atelierfevrier.com

Galleria Bolzani で開催していた Atelier Février のイベント。新作の紹介では L'Ombre コレクションを発表。デザイナーの Florian Pretet と Lisa Mukhia Pretet。作品は全てネパール製で、現地でハンドメイドで製作されている。「OMBRE」シリーズでは、アブストラクトの美しさを追求している。どのモデルにも自然の摂理である「光と陰」がコンセプトとして考慮されている。光の角度によって発生する色彩のバリエーションを最大限に引き出し、光が陰であり、また陰が光であるという独自の美的感覚をカーペットに表現していた。

MATTEO BRIONI
www.matteobrioni.com

イタリアの建築壁面材の材料メーカーの MATTEO BRIONI。4世代に渡ってテラコッタのブリック作りから始まったファミリービジネスブランド。2010年から始まった改革で、自然素材に特化したシリーズ「RAW EARTH」をリリースしている。新作は Arazzi のウッドパネルシステムのシリーズ。各地で採取するローマテリアルを独自の手法で加工した壁面材は、その色彩の豊かさと素材感だ。様々な鉱物材、マイカ、ヘマタイト、パールなど、自然由来の成分だけで製作され、エコロジカルで、またケミカル類は不使用で安全な製品を製造している。アートディレクターは Marialaura Rossiello。

LAUFEN
www.laufen.com

ニューヨークのクリエイティブエージェンシー Snarkitecture による、水洗機器メーカー LAUFEN の為のインスタレーション「MATERIALMESSAGE」が開催された。アートと建築の間にある想像性を模索探求する Snarkitecture らしい提案では、LAUFEN の持つ製品化されたプロダクトを詩的かつ大胆にプレゼンテーションしていた。198トンのクレイを持ち込み、モニュメントになった山のようなランドスケープを実現。このインスタレーションには、SaphirKeramik 製の LAUFEN の洗面器701個で構成されていた。ロウマテリアルと洗面器ののの人工的かつアーティーな空間は壮大で、並外れた破壊力のあるプレゼンテーションとなっていた。

LONDON
DESIGN FAIR

LONDON
DESIGN FESTIVAL

HABITARE

FORMEX

ICFF NY

NYCx
Design

SALONE
DEL MOBILE

MIART

Singapore
Design Week

AMBIENTE

Stockholm
Furniture Fair

M&O PARIS
SEPT

M&O PARIS
JAN

IMM
COLOGNE

HEIMTEXTIL

LONDON

Nendo
www.nendo.jp

ダイキンのためにデザインしたインスタレーション「Breeze_of_light」。同社が空調の専門メーカーとしてさまざまな空間に適した空気を作り、常に空気のことを考えてきた企業であることから、普段あまり意識することのない空気の存在を強く感じてもらえる空間を生み出すことを考えた。花型に切り抜かれた偏光フィルムに対して、偏光フィルター付きのスポット照明を当てると、光が2層の偏光板を通過することで床に落ちる花型の影は本来よりも暗くなる。偏光フィルターを45度回転させると影は半透明になり、さらに45度回すと花の影は完全に消える。この原理を利用した空間体験を生み出すために、モーターによって偏光フィルターを個別に制御できるスポット照明を115個作成し、一定のピッチで天井面に設置。さらに、その真下には約17,000本の偏光フィルムの花が規則的に敷き詰められた。花の向きは全て統一されつつ、高さはひとつひとつ異なることで空間全体が滑らかに波打つようになり、まるで偏光フィルムの「花畑」のようなランドスケープが生まれた。そして、花の影の濃度を様々に変化させていくことで、実際の空気の流れは無く、また、光の照度も常に一定ながら、「影のみ」によって花畑を通り抜ける「風」が体感できるようになった。本来は目に見ることのできない存在を視覚化することで、新たな「空気の感じ方」を体験出来るイベントとなっていた。

Ormond Editions
www.ormond-editions.com   www.garnieretlinker.com

２００８年にオープンした若手デザイナーを中心に取り扱うコンテンポラリーギャラリー。ジェノバとチューリッヒにギャラリーを構えている。今季の新作はフレンチデュオデザイナー Garnier & Linker デザインによる家具と照明のコレクション Romane。全部で8種類の作品をリリースしていた。彫刻的で自然でモダンな美しいシルエット、数種類の木材のバリエーション、プラスター／石膏、スレート／石材、溶岩やブロンズなど、原素材を生かした作品になっている。全てフランスで職人によって製作されている。

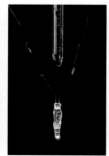

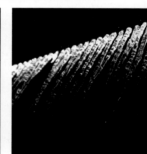

TAKT PROJECT
www.taktproject.com

今回は独自の展覧会を開催した TAKT PROJECT。タイトルは「glow ⇄ grow」コンセプトは、光る事で成長し、成長する事で光が変わる。姿形を完成させるデザインではなく、機能が新たな機能を生んでいく、そのプロセス自体のデザイン提案。光で固まる樹脂を、プログラミングされた光を放つ LED で直接硬化、LED 自体が姿を変えながら光り続けている。氷柱や鍾乳洞のように成長するその姿は、光に様々な表情を与え、そしてまた、光によって新たな姿を獲得し成長してゆく。自然の模倣では無い成長。制御という人工的な操作に、自然の原理を取り込む人工と自然の融合のプロセスだ。自然と人工、自律と制御、未完と完成といった、相反する様々な事柄をつなぐ存在。それらが作り出す、自然でも人工だけでもない新たな環境を、インスタレーションとして出現させていた。

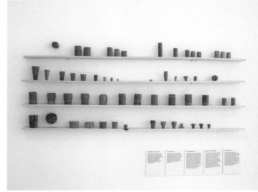

MMAIRO
www.mmairo.com

大理石のブランド MMairo は、2016年にスタートしたブランドで、拠点は国際的に有名なイタリア、トスカーナの大理石で有名なカララ地方。ミラノにもショウルームも構えている。今回のコラボレーションは Ivan Colominas によるフラワーベース Capua、Michele Chiossi & Karen の Guggenheim はブラックマーブルの灰皿、Karen Chekerdjian は Inside Out と言うテーブルやキャンドルスタンドにフラワーベースのシリーズ、アメリカの照明デザイナー Bec Brittain が生み出したのは大理石ベースの照明 Heron、Niko Koronis の新作は T 型のスタンド照明を発表していた。

Typologie
www.collectionstypologie.com

Typologie とは類型。4人のデザイナーで友人である Guillaume Bloget、Raphael Daufresne、Thélonious Goupil、Guillaume Jandin によって設立および発行されたジャーナル。日常的なオブジェクトの魅力を伝えると言うコンセプトの季刊誌だ。「The Wine bottle and the CORK STOPPER」では、過去のワインボトルの履歴とその形状と類型的に探り、そこに見え隠れする見落としがちな美しさを伝えようとしている。コルクも同様のコンセプトで深掘りされ、類型化した、ボトルとコルクが辿ってきた歴史と歩みを見つめることが出来る憩いの展示となっていた。会場には60本のアノニマスデザインによるレアなヴィンテージボトルが陳列されていた。

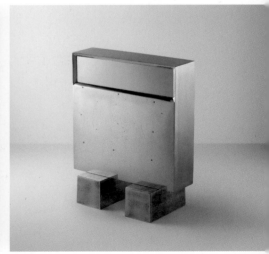

Volker Haug Studio
www.volkerhaug.com

Volker Haug Studio はオーストラリア、メルボルンを拠点に活動している照明デザインスタジオのコレクティブ。今回はその彼らと2名のコラボレーターによる展示を行った。「Volker Haug Studio versus John Hogan」では、アメリカのガラス職人でデザイナーの John Hogan とのプロジェクト。重厚感のある建築的な佇まいの照明だ。「Volker Haug Studio x Local Design」では、Pyramid Scheme という装飾的でモダンなアプローチのモジュラー照明システムを発表していた。

HEIMTEXTIL
LONDON

IMM
COLOGNE

M&O PARIS
JAN

M&O PARIS
SEPT

Stockholm
Furniture Fair

AMBIENTE

Singapore
Design Week

MIART

SALONE
DEL MOBILE

NYC x
Design

ICFF NY

FORMEX

HABITARE

LONDON DESIGN
FESTIVAL

LONDON
DESIGN FAIR

Alves Ludovico
www.ludovicodesignstudio.com

新作の SUPER SWEET シリーズでは、砂糖を使ったプロジェクトを発表した。砂糖とデザイナーとの関係で、彼は糖尿病だった為、砂糖の糖分を毒とみなしていた。しかし、砂糖／糖分は人間に欠かせ無い成分でもあることから、自分では直接的に消費することは叶わないが、違う形で付き合ってゆくことは出来ないか？と言うストーリーから想起したプロジェクトだ。自らの相性と、その素材の多様性を認識し、砂糖を使ったデザインプロジェクトとして、未来のバイオマテリアルとしての可能性も見いだせる建設的なアプローチを試みていた。

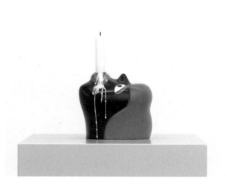

Normann x Brask Art Collection
www.normann-copenhagen.com

アートキュレーターの Jens-Peter Brask や多くの国際的なアーティストとのコラボレーションにより、ノーマンコペンハーゲンはアートとデザインの交差点で特別なコレクションを立ち上げた。継続的なこのプロジェクトは現在成長中。このコラボレーションは、ギャラリーオブノーマンコペンハーゲンのショールームでの展覧会で始まり、アートとデザインの融合する環境に挑戦している。ここでは、10人のアーティストがそれぞれ、日常生活でアートを活用するという解釈で新作を発表。その結果、トランプから６本足の彫刻的なサイドテーブルなど、色鮮やかでエクレクティックなキレのある作品が多く登場した。

Tom Dixon
www.tomdixon.net

ロンドンのライフスタイルブランド Tom Dixon の特別展示がミラノの Manzoni シアターで開催された。The Manzoni では、イタリア料理レストランを作った。来場者には Tom Dixon のダイニングの世界を体感してもらうイベントを行った。The Dining Hall では、新作の FAT ダイニングチェアーシリーズと数珠玉のようなジュエリーからイメージした照明しりーず OPAL と設置。The Jungle では、流線型の照明 SPRING と FAT のハイスツール。The Bar や The Shop では、シルバーメタル製のキャビネットに同色の自然石材を使った什器など、ゴージャスな Tom Dixon 独自の世界を堪能出来るイベントとなった。

Form&Seek
www.formandseek.com

ミラノ市街の南に位置するトルトーナの Ventura Future で開催してた Form & Seek。彼らはデザインコレクティブで、毎回メンバーが流動的に変化しながら集団で展示を開催している。テーマは「Tactile Matter ／触覚物質」新たな製作プロセスや素材使いに注目。革新的でハンドメイド、タクティリティー／手触り感／触覚感覚を取り入れたデザイナーの作品を紹介していた。実験的で探究心のある新素材への試みと、型破りな技術や工法の最新作品に注目だ。Pine Skin Baskets のデザインは Studio Sarmite、Jule Waibel の Unfolded Rugs、Ripple Espresso Cups は Form&Seek デザインなど多数。

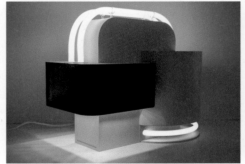

doppia-firma
www.doppiafirma.com

doppia-firma は、アルチザンの職人とデザイナーのコラボレーションを紹介したイベント。今回は19プロジェクトをリリース。スポンサーは Michelangelo for Creativity and Craftsmanship 財団。テーマは「A Dialogue Between Design and Artisanal Excellence ／デザイナーとアルチザン職人との超越」一部の作品では、ドイツの Christian Haas とポルトガルの José Vieira によるメタルワーク。フランスの Victoria Wilmotte とイタリアマーブル職人 Giorgio Angeli による削り出しの大理石テーブル。ベルギーの Maarten de Ceulaer と Atelier Mestdagh による、ステンドグラスの照明。スウェーデンの Nick Ross とのコラボはスコットランドの石材メーカー Dunedin Stone。

April Key Design
www.aprilkeydesign.com

トルコで活動するプロダクトデザイナーの April Key。イゾラ地区の片隅で控えめに展示していたところを偶然に発見。彼女の「The Ocean Drive Collection」では、ヴィンテージマーケットで見つけた 50-60 年代のアメリカのカラー写真からインスパイヤーした照明オブジェのコレクションだ。全てアール・デコ建築様式の一部をニュアンスとして取り入れ、ネオン管を施す事によってポップで、まるでマイアミのアールデコ時代を彷彿させるような雰囲気にしあげている。5 種類のモデルは全て限定作品。各モデルとも懐かしいネーミングになっている。Harvey's Bar、Capri Motel、The Plaza、South Beach Theater、Sunset Diner、Villa Cabana。

Missoni

www.missonihome.com

「Home Sweet Home」全体のデザインとそのキュレーションを担当したのは Alessandra Roveda。アレッサンドラ・ロベダは、ビンテージ家具やオブジェクトをカラフルなウールの糸で覆うことが大好きで、空間内に素晴らしい環境を作り出した。彼女の、色とりどりの鈎編みニットで完全に包まれた魔法のおとぎ話のようなインテリア空間。彼女の創造は芸術と職人技の並外れた例であり、空間全体の質感を再解釈し、再発明し、官能的色彩によって、柔らかさのある、魅力的で爽快な体験を生み出す

BITOSSIHOME

www.bitossihome.it

Bitossi Home と Funky Table の新作コレクションは「La Tavola Scomposta」ビトッジホームのクリエイティブデザイナー Paula Cademartori による新たなコレクションだ。華やかで独自の世界観で人気のシリーズに追加アイテムが多数登場。フラワーベース、コンテイナー、コップのシリーズなど。トロピカルなサウスアメリカの花柄がモチーフとして取り入れられている。型破りな組み合わせと感じる事が無いように、バランス良く、独自の世界観を表現している。

Moroso

www.moroso.it

ミラノ市街のショウルームで開催された特別イベント「M'Afrique」では、2009年より立ち上がったアウトドアコレクションの最新作を紹介していた。オーナーの Patrizia Moroso が愛して止まないアフリカの大地と人々からインスパイヤーしたコレクションだ。セネガルで其の殆どが生産され、現在まで、Abdou Salam Gaye、Tord Boontje、Dominique Pétot、Ayse Birsel and Bibi Seck、Marc Thorpe、Patricia Urquiola、Federica Capitani、Concetta Giannangeli、David Weeks、Martino Gamper が参加している。今年は、巨匠 Ron Arad の家具シリーズ、Antonino Sciortino デザインのテーブル Dancers、スペインのグラフィックデザイナー Gala Fernández は Griot チェアーもデザインしていた。2019年で10周年を迎えた記念すべきイベントになっていた。

Spotti Edizioni Milano

www.sem-milano.com

Spotti Edizioni Milano/SEM は、ミラノ市内にある高級家具小売店 Spotti Milano が運営するカスタムインテリアコンサルティングのサブレーベル。昨年からスタートし、今季も独自のキュレーションで SEM エクスクルーシブの限定作品をリリースしていた。Paesaggio by Hannes Peer、Simultanea by Valentina Cameranesi Sgroi、the Gomito chairs by vormen、flanked by Lavish, a textile project by Mae Engelgeer。

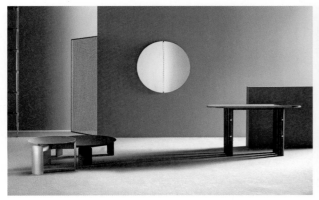

Mingardo

www.mingardo.com

メタル製のモダンでアヴァンギャルドな家具を手がけているイタリアのメーカー Mingardo。職人技の効いた上質な金属製の家具を得意としている。アートディレクションと一部のデザインを担当するのは Federica Biasi。今回の新作は 9 種類リリース。その中の一部として、吊り照明シリーズの DECO LAMP は、スレンダーで洗練されたミニマルなランプコレクション。Design:Federica Biasi コンソールシリーズの ELEPHANT は、Bernhardt & Vella デザイン。ジオメトリックの構成エレメントが素敵な珍しい形状のコンソール。Elisa Honkanen デザインの SHIRUDO は日本語名のシールド／鎧から名付けられたテーブルシリーズ。

Nilufar Gallery

www.nilufar.com

Nilufar はミラノ市内に 2 箇所のギャラリー拠点を持ち、Nilufar Gallery では 2 軒の建物に渡って展示スペースを設けている。市内中心部の高級ブティック街に位置する1階スペース側では、高級テキスタイル DEDAR とのコラボによる、Michael Anastassiades、Martino Gamper、Brigitte Niedermair の作品がディスプレイされていた。1階の部分は一部リニューアルされ、ウインドウ併設のギャラリー Nilufar25 としてスタート。こちらでは、Bethan Laura Wood のシャンデリア照明 DETAILS が展示された。Via Senato 側の地上2階では、Chez Nina の Episode II と India Mahdavi に Vibeke Fonnesberg Schmidt のライティングを展示。1階の Osvaldo Borsani では、Tommaso Fantoni や Nilufar キュレーションのアートワークを紹介していた。

HEIMTEXTIL

IMM
COLOGNE

M&O PARIS
JAN

M&O PARIS
SEPT

Stockholm
Furniture Fair

AMBIENTE

Singapore
Design Week

MIART

SALONE
DEL MOBILE

NYC x
Design

ICFF NY

FORMEX

HABITARE

LONDON DESIGN
FESTIVAL

LONDON
DESIGN FAIR

CASSINA

www.cassina.com

イタリアンデザインファニチャーの金字塔 Cassina。今回のテーマは「The Cassina Perspective」哲学、コンセプト、ニューカタログ、ニュー広告キャンペーン。Avant-gardism ／アヴァンギャルディズム、Authenticity ／信憑性、Excellence ／卓越性。カッシーナは、これらのキーワードのコンビネーションが融合し、卓越した家具職人達によって、最新技術革新の製造能力を駆使した世界最高峰の品質と信頼を90年間に渡り保ち続けて来ている。進化し続ける時代の一歩先をゆく環境や対話の方法とは何なのか？ 超一流のユニークで奇抜なデザインとは何かを、オーディエンスと共に提供し続けている。市内のストアでは Patricia Urquiola ディレクションによる新たなレイアウトと演出で来場者を迎えていた。

B&B Italia

www.bebitalia.com

イタリアの巨匠デザイナー Gaetano Pesce デザインの UP シリーズ。シリーズとして時あるごとに新作や新色や仕様のアップグレードにより、その人気が衰える事はないアイコニックな家具シリーズだ。この UP シリーズが2019年で50周年を迎え、そのアニバーサリープロジェクトがこのミラノ市内の B&B Italia ストアーから世界へ向けて始まっていた。レジェンドの椅子シリーズの奇抜で息の長いシリーズを祝福するイベントとなっていた。ベージュとペトログリーンのストライプ柄は50周年記念 Special Edition としてリリースされている。

Thonet
www.thonet.de

2019年は Thonet 創立200年、同時に Bauhaus100周年で記念すべき年となっていた。Brera 地区で開催したポップアップショウルームでは、Sebastian Herkner デザインの木製の椅子シリーズ118を展示。追加のハイグロス仕上げ6色、高さ違いや張り地のバリエーションを披露していた。会場の構成と演出は、Marcel Besau と Eva Marguerre が担当。継続する Café Thonet のコンセプトを活かしたユニークな展示となっていた。

Stellar Works
www.stellarworks.com

Galleria Teatro Manzoni で開催された「BEHIND THE SCENES」では、上海のライフスタイル家具ブランド Stellar Works と Agapecasa による共同イベントが行われた。劇場でのプレゼンテーションでは、Neri&Hu、Space Copenhagen、Yabu Pushelberg、OEO Studio、Tom Fereday が新作をリリース。ステラワークスのクリエイティブディレクター Neri&Hu によるエントランスの提案「The Montage」では、1950年代のシアターの建築と Stellar Works のヴィンテージスタイルの家具が馴染んでいた。多くの新作をリリースした Stellar Works の今後が見逃せない。

MOOOI
www.moooi.com

今季のテーマは「A Life Extraordinary ／型破りな人生」シャンデリアが歌を歌うのを聞いたことが有りますか？ 雲の上を歩いた経験はありますか？ 勿論、そんな経験は無い！ 昨年同様、Brera の教会跡地の Mediateca Santa Teresa で開催されていた。Kranen/Gille デザインの照明シリーズ、The Party, a singing chandelier。Marcel Wanders デザインの BFF ソファシステム。Rick Tegelaar は数学的な要素を取り入れた Meshmatics Chandelier。その他、希少動物をモチーフにしたウォールカバリング Extinct Animals Collection。デニムファブリックの新作 Tokyo Blue や Indigo Macaque を発表した。

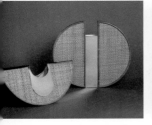

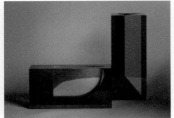

DIMORESTUDIO For Dior
www.dimorestudio.eu/projects/dior

インテリアアーキテクト＆インテリアデザイナーのデュオ Dimore Studio の Emiliano Salci と Britt Moran が手掛けた Dior Maison の為の新作14点の展覧会が行われた。1年限定期間の販売で受注発注のみのエクスクルーシブなコレクションだ。花瓶、トレイ、燭台、ライターや灰皿、フォトフレームに傘立て。ゴールド、シルバーとブロンズなどのメタルから、アクリルやラタン編みにレザーなど、Dior のアイコニックなシンボル素材を多様したコレクションだ。

Rossana Orlandi

www.rossanaorlandi.com

HEIMTEXTIL

IMM
COLOGNE

M&O PARIS
JAN

M&O PARIS
SEPT

Stockholm
Furniture Fair

AMBIENTE

Singapore
Design Week

MIART

SALONE
DEL MOBILE

NYC x
Design

ICFF NY

FORMEX

HABITARE

LONDON DESIGN
FESTIVAL

LONDON
DESIGN FAIR

最新デザインの発信基地

Rossana Orlandi では毎年数多くの新作が登場する。少々商業的な雰囲気が出て来ては居るが、市場主義に迎合しない独自のユニークなキュレーションによるジャンルの広い最新デザインの供給基地になっている。ミラノデザイン総本山とも言うべきマストストップの展示だ。今年も約80プロジェクトに及ぶクリエイター達を紹介。デザイナーやクリエイター、アーティストは世界中から集結し、最新作がお目見えする。

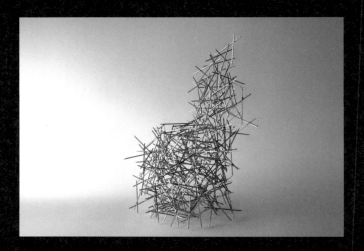

we+

www.weplus.jp

新作の「Heap」は、鋭利で尖った荒々しい佇まいのオブジェ。もちろん椅子のように見えるが、それとしては機能しない。シンプルな3本のラインで構成されたモジュールがランダムに積み重なることで生まれる椅子。着想は雪の性質をヒントしたもので、空気と氷からなる雪は、結晶単位では、脆くはかないが、降り積もると驚くほどにかさと強度が増す。相反する性質を見つめ直す事からインスパイヤーしたプロジェクトだ。自然界のもののあり方を家具に応用し、モジュール化で最小単位を設定し、積み重ねることで、形状と構造の自由度を高め、展開に無限の可能性を持たせている。

WASTE NOMORE

www.wastenomore.com

アメリカンテキスタイルアーティスト EILEEN FISHER による、zero-waste コンセプトの展示。エシカルとクリエイティビティーにビジネス。この3つを融合し「Mindful consumption／マインドフルな消費」を促進させる事を目的にしている。展示のキュレーションは Lidewij Edelkoort と Philip Fimmano た担当。「less is more／少ないことは豊かなこと」格言としは「過ぎたるは猶及ばざるが如し」がサブテーマに。再生素材によって展開する美しき純粋な芸術的アプローチの作品が展示されていた。

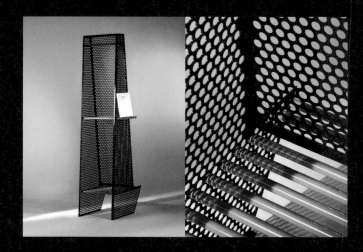

NOV Gallery

www.novgallery.com

スイスのデザインギャラリーの新作テーマは「Flat Fold Bend」日本の折り紙からインスパイヤーしたテーマで6名の若手デザイナーの作品をリリースしていた。平坦な2Dの紙が折り込み事で3Dに立体化する事からヒントを得たユニークな作品が揃った。Panter & Tourron デザインの ANC は、CNC 削り出しの痕跡を残像としてデザイン化させたもの。Shizuka Saito の Valet は、穴開き金属シートをシンプルで効率的に折り込んだ作品。

Mandalaki

www.mandalaki.com

「Celebration of light」の展示では、Bang & Olufsen とのコラボによる新作が登場。光学的研究プロセスから生まれた Halo ランプは、アートとテクノロジーを融合したライトプロジェクター。高出力 LED を特殊な専用光学システムを組む事で生まれた繊細な光源はヴィヴィットな色彩で、Bang & Olufsen のブロンズ仕上げのコレクションとの色彩の融合が魅力的だ。

PLEASE WAIT to be SEATED
www.pleasewaittobeseated.dk

RUI PEREIRA & RYOSUKE FUKUSADA デザインによる ANZA コレクション。Anza(安座) は、スツール、ベンチ、コーヒーテーブルからなる家具シリーズ。座布団を浮遊させるようなイメージで、西洋に適したシート高までスケールアップされている。ボリュームのある座面に、板状の脚部。座り心地の良い柔らかな輪郭は、思わず腰掛けたくなる造形だ。メインとなる布地には京都の丹後ちりめんを使用。日本で古くから使用されている「切り取り小紋」という柄を使用している。

Guiltless Plastic
www.guiltlessplastic.com

2018年に Rossana Orlandi が設立したリサイクルプラスチックを活用したデザイン作品を讃えるプロジェクト「Ro PLASTIC PRIZE」 今季は2回目の開催になり、一歩進んだ進展状況とサステイナブルな循環経済を世界的に巻き込んで大きなムーブメントになるキッカケ作りに注目した。開催場所は3箇所に拡大し、約5万人の入場者を記録。SNSでも43万ヒットをスコア。全作品600点で100ブランドが参加し、2020年には更なる成長が見込まれている楽しみなイベントだ。

HEIMTEXTIL

IMM
COLOGNE

M&O PARIS
JAN

M&O PARIS
SEPT

Stockholm
Furniture Fair

AMBIENTE

Singapore
Design Week

MIART

SALONE
DEL MOBILE

NYC x
Design

ICFF NY

FORMEX

HABITARE

LONDON DESIGN
FESTIVAL

LONDON
DESIGN FAIR

NYC x Design 2019

ニューヨークバイデザイン 2019

www.nycxdesign.com

Place: New York, USA
Date: 10 to 22 May 2019
Exhibitors: 400 / 380
Visitors: 350,000 / 347,000

ニューヨークにしか出来ない最新のデザイン

NYC x DESIGN は、2019年で7回目を迎え、アーバンプランニング、小売業者、製造業者、起業家、キュレーター、教育者、編集者、デザイナー、インテリアプロフェッショナルが集う世界最大のデザインハブの1つ。約8,000のデザイン施設と53,000のデザイン専門家が活動するニューヨーク。そして国内で最も有名な10のデザインと建築の学校も存在する。国内外問わず世界的なインフルーエンスで、次世代の若手デザイナーやクリエイターにエキサイティングな機会を提供している。未発見の未来のスターを早期に発掘する最適な方法は、ここニューヨークなのかも知れない。

2019年は35万人以上が市内のイベントに参加。パーティーレセプションやショーケースに加え、ポップアップのイベントや、近隣のデザインショップやスタジオは、陽気な雰囲気で賑わいを見せる。ニューヨークの各所で開催されているニューヨーク市が全面サポートするデザインイベントになっている。マンハッタンとブルックリンで開催されるイベントは、NYC x DESIGN の Web サイトで随時最新情報を確認可能で、日程や時間に合わせて漏れなく行動可能だ。

マンハッタンとブルックリンで盛り上がりを見せる「NYC x DESIGN 2019」

マンハッタンでは各エリアごとに数多くのポップアップを開催している。基本的にはミッドタウン地区、チェルシー地区、ソーホー地区の3箇所。SOHO Design District では、デザインや家具メーカーのオープンショールームやレセプション、ギャラリー等でのポップアップイベントを開催。展示会ベースの大型フェアーからショップやショウルーム、ポップアップ、ミュージアム、アート関係、デザインウィーク等、数多くのイベントが約2週間に渡って集中して開催されている。

サイドイベントとして成功している「wanteddesign」は、Odile Hainaut と Claire Pijoulat によってスタートし、現在では2箇所で開催している。ICFFの会場から徒歩5分以内の NYC トンネルで開催されている。もう一方はブルックリンの Sunset Park に位置する Industrial City。テナントが充実し活性化している注目のエリアだ。メイン会場の ICFF との友好関係において合併の話も持ち上がっている話題のイベントだ。また、同時期に Brooklyn Navy Yard で開催される BROOKLYN DESIGNS も面白い。こちらはアクセサリー、家具から彫刻系のアートまで、小規模の展示だが、クラフトよりのハンドメイド感溢れるベニューになっている。

安定景気のアメリカのクリエイティブエコノミー。見逃せない重要なデザイン拠点として、欧州のデザイン事情と合わせて注目してゆきたい場所だ。巨大消費市場アメリカ経済がデザインをキーワードに経済活性化が進んでいる。

MATTER

www.mattermatters.com

2019年で15周年を迎え、国外ブランドの輸入品とオリジナルデザインの家具を取り扱う MATTER。今季のテーマは「OBJECT OF MY EYE」参加デザイナーは、Astep、Bloc Studios、CC-Tapis、Established & Sons、Jessica Niello White、Jude Heslin di Leo、Jumbo、Maggie Boyd、Matter Made、Objects of Common Interest、Rodrigo Bravo、Simone Shubuck、SEM、Tacchini。全てのセレクトした家具や雑貨は一見すると無関係に見えるが、実は彼らのその年に一番気に入ったプロダクトを世界中からセレクトしてきた生粋のエクレクティックなセレクトだ。新たな感覚で、自分の中の感覚の境界線を越える品揃えのハーモニーを体感出来る展示だ。

1stdibs

www.1stdibs.com　www.femaledesigncouncil.org

ビンテージ家具のオンラインリテールの1stdibs が新たなショウルームギャラリーをオープン。約50の出展社を含めた超大型のギャラリースーペースと本社機能を持たせた拠点を新たに構えた。家具関係の e コマースの最大プラットフォームは、フィジカルなギャラリーを持つ事で、新たな接点を活性化させていた。今回は記念イベントとして Female Design Council ／女性デザイン評議会主催の「Deeper than Text」を開催。女性で活躍するクリエイターを世界中から集めた展示を行っていた。19名のデザイナー／17名が独立、2名は若手が、オランダ、南アフリカ、レバノン、デンマーク、USA が参加。

Lindsey Adelman

www.lindseyadelman.com

NYC x Design に掛けて Lindsey Adelman の新しいオフィスと工場スペースがオープンした。彼女の10年以上の仕事とそのアーカイブ資料を網羅する、新しい5000平方フィートのショールーム確保。新しいショールームでは、クライアントが膨大な素材リソースライブラリにアクセスできるようにし、スタジオの設計プロセスを舞台裏で間近に見ることができる。マンハッタンのノーホー地区に位置し、最上階と1階下の2階層をスタジオワークショップへリノベーション。総設置面積が10,000平方フィートに倍増したことにより、設計チームと営業チームは、同じスペースでクライアントとシームレスに会うことが可能に。

Next Level

www.next-levelnyc.com

2019年で2回目の開催となった Next Level。デザイナー同士が集まって始まったこの展覧会では、デザイナー主導のキュレーションの元、デザイナーの為の協力的な展示を目指している。約9,000平方フィートのスペース全体で35人以上の参加者の作品をフィーチャーし、ミニマルでインダストリアルな空間展示だ。各デザイナーのユニークな美学を称えた、調和のとれた有機的な集まりとなったいた。オープニングパーティーには明確では無いがおよそ1000人程の人々で大盛況になっていた。同会場の地下空間では、別の展示も開催。こちらでは、Pearl River Mart および Tala Lighting とのコラボレーションにより「DI-VER-CI-TY：IGNITING CHANGE-A LANTERN SHOW-NYC」アーティストが描いた70を超える提灯のインスタレーションを行なっていた。

HEIMTEXTIL

IMM COLOGNE

M&O PARIS JAN

M&O PARIS SEPT

Stockholm Furniture Fair

AMBIENTE

Singapore Design Week

MIART

SALONE DEL MOBILE

NYC × Design

ICFF NY

FORMEX

HABITARE

LONDON DESIGN FESTIVAL

LONDON DESIGN FAIR

VISO Collective
www.visoproject.com

スペインで始まった VISO は、芸術とデザインの世界に触発された深いルーツを通じて生き返ったテキスタイルブランド。ヨーロッパとアメリカの熟練した職人と製造業者によってデザインされた独特のアパレルとオブジェクトを提案している。アイテムは、慎重に開発され、持続可能性と限られた職人技によって生産されている。アパレル、アクセサリー、陶器、ホームウェア、バッグ、ノベルティオブジェクトなど、多数の限定版アイテムのコラボレーションを発表。VISO はテキスタイルを通して生活を豊かに考えるライフスタイルブランド。現在はオンラインストア、世界中の主要な小売店、および一連のポップアップストアやイベントを通じてグローバルに販売されている。

Henrybuilt x Ladies & Gentlemen Studio
www.henrybuilt.com www.ladiesandgentlemenstudio.com

西海岸のシアトルに拠点に LA とサンフランシスコ、NYC にショウルームを展開するキッチン家具ブランドの Henrybuilt と現在は NYC をベースにクリエイティブ活動する Ladies & Gentlemen Studio のコラボレーション展示が開催された。Henrybuilt の NYC ショウルームでのイベント「Common Ground」では、Henrybuilt の包括的でエレガント実用性と L&G Studio の有機的でソフトな素材感の融合が奏でるハーモニアスな展示となっていた。L&G Studio の Dylan Davis が過去に Henrybuilt での就労経験があり、その見返りも含めた「恩返し」的な感覚で、共同イベント開催に至ったとう言う事だ。新作プロダクトでは、照明 Myrna、Still/Life、Iso をリリースしていた。

GUILD
www.rwguild.com

ROMAN AND WILLIAMS で GUILD のオーナー Robin Standefer と StephenAlesch は、多数の受賞歴を持つ有名建築家。クライアントのニーズを明確に実現するヴィジョンの持ち主たちだ。彼らは建築仕事の中でオリジナルの家具を多くデザインしており、それだけでは無いが、コレクターとしても審美眼に優れた才能を持ち、2017年にこの GUILD で自分たちの為でもあるオリジナルの家具やアンティーク、アーティストや作家の作品をエクレクティックに散りばめたアンチミニマリズムの空間を実現させている。世界中から集積されたレアなグッズから、手頃な値段のモノまで様々なグッズが揃う。店の約半分はフレンチレストラン LA MERCERIE が入り、フラワーデコレーションは Emily Thompson が担当している。逸品が揃うエクレクティックなコレクションは必見の価値がある。

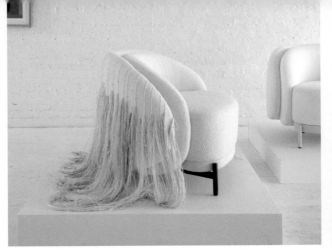

Colony

www.goodcolony.com

チャイナタウンの Canal ストリートの2階に潜む秘密のギャラリー。今回は「Pas de Deux」と言うテーマでポップアップイベントを開催。パ・ド・ドゥとは、2人のステップと言う意味 (バレエ作品において男女2人の踊り手によって展開される踊りをいう) 今回はそのフレーズに例え「A duet between Design and Art ／デザインとアートのデュエット」がサブテーマになっている。今回はデジタルアーティストの Dmitri Cherniak や Iain Nash、それにサウンドアーティストの Jasper Lin を迎え、デザインプロダクト＋サウンド＋ビジュアルで空間演出を行っていた。Designers:Allied Maker、Klein Agency、KWH、Earnest Studio、Erickson Aesthetics、M.Callahan Studio、Flat Vernacular、Moving Mountains、Fort Standard、Phaedo、Grain Studio、Paolo Ferrari、Hiroko Takeda、Vonnegut/Kraft。

Leaping Objects
Curated by Mirabilia Arts

Patrick Parrish

www.patrickparrish.com

チャイナタウンの西にひっそりと佇むセレクティブギャラリーの Patrick Parrish。今回の展覧会は、京都ベースのオンラインギャラリー Mirabilia Arts のキュレーションによる「Leaping Objects ／跳躍するオブジェクト」を開催した。卓越した職人技による工芸品の数々が展示され、特に竹細工、木材、青銅など、日本の伝統技術の真骨頂とも言うべき崇高な作品が展示された。これらの抽象的かつ官能的な作品は、その工芸力だけでなく、基礎になる創造的なイマジネーション無しには実現しないであろう芸術品の数々が揃う。アーティストの比類のない手仕事と深い素材へのこだわりと知識が可能にさせる、凄みのある世界観を堪能出来た。

JONALDDUDD

www.jonalddudd.com

現代デザインの慣習に挑戦する JONALDDUDD 展覧会。2019年通算5回目の開催。アンチデザインの流れを組み、NYC デザインウィークに関連する典型的な業界トレンドと商業的アプローチからの脱却を図るイベント。ユニークな作品は、32人の若手デザイナー達からの斬新でエクレクティックなプロダクトばかりだ。デザインは個人の表現の延長、臨界的分析力と正式な調査とリサーチ。JONALDDUDD の創立者 Lydia Cambron と Chris Held は、生粋のアーティストやデザイナーのプラットフォームを提供する為にこの展覧会を実施している。この展示では、ただのお飾りでは無い真骨のあるデザインが見つかるかも知れない。

HEIMTEXTIL

IMM
COLOGNE

M&O PARIS
JAN

M&O PARIS
SEPT

Stockholm
Furniture Fair

AMBIENTE

Singapore
Design Week

MIART

SALONE
DEL MOBILE

NYC x
Design

ICFF NY

FORMEX

HABITARE

LONDON DESIGN
FESTIVAL

LONDON
DESIGN FAIR

Futuer Perfect

www.thefutureperfect.com

The Future Perfect で企画展が開催された。「The Chair」では、アーティストやクリエイターによって製作された一点物の椅子だけに特化した展覧会を実施した。何世代にもわたり、椅子の機能は同じ：人を座らせるために特別に作られたオブジェクト。椅子の歴史は人間の進化を反映しており、数千年にわたって椅子は、ナポレオンの玉座から謙虚なプラスチック製の椅子まで時代を反映している象徴だとも言える。展示では、完全に機能する椅子から純粋な芸術や彫刻のような作品まで様々。

CALICO WALLPAPER x WORKSTEAD

www.calicowallpaper.com   www.workstead.com

トライベッカ地区にあるベーカリー Arcade Bakery の通路で開催されたポップアップイベント。CALICO WALLPAPER はブルックリンの壁紙メーカー。WORKSTEAD は照明メーカーで、2014年に Arcade Bakery の改装に立ち会った事の縁から、このプロジェクトが実現していた。逐次性と抑制的感覚がコンセプトで、トンネルのような空間の天井には WORKSTEAD の新作照明 Chamber シリーズ、また、壁面には CALICO WALLPAPER の、オーナメンタルで明るい印象の表面仕上げの Relic シリーズが施工された。

CASA Perfect

www.thefutureperfect.com

CASA Perfect はノーホーにある The Future Perfect が運営するレジデンスギャラリー。この住まいは David Chipperfield が2000年代に個人住宅を改装した珍しい物件の一つだ。ここはコンテンポラリーデザインギャラリーとして、限定品、一点物、エディションプロダクトやクリエイターがスタジオワークで作ったクラフトベースのレアなプロダクトのみを展示している。この空間内で見れるプロダクトは全て商品として購入可能になっている。このタウンハウスは1852年に建築されたイタリアン系の移民が好んで住んだ住宅スタイルだったと言う事だ。実はこの建物はオーナーの David Alhadeff の住居でもある。

Inside/Out

www.kinandcompany.com　www.asapingree.com

ウイリアムズバーグの一角にある The William Vale のプライベートパークで開催されたアウトドア家具のイベント Inside/Out。発起人は KIN & COMPANY、WESCOVER、SIGHT UNSEEN。ビスポークの屋外家具展示として初の試みで、若手クリエイター達によるアウトドア家具の未来を感じさせる様なイベントになっていた。キュレーターには、Kin & Company と Asa Pingree が担当している。両者ともに若手デザインスタジオで、彼らの作品も同時に展示されていた。屋外家具市場は若手デザイナーやスタートアップから見ると、市場規模の大きさから見落としがちな面があったと言う。そこで彼らが、そのような心理的ギャップを解消するために立ち上がったと言う訳だ。アヴァンギャルドな20作品は、どれもカスタムメイドのアウトドア仕様の家具。この公園 Vale Park は一般にも解放されているため、ピクニック気分で展示を楽しむ人々で賑わった。

A/D/O「URBAN IMPRINT」BY STUDIO INI

www.a-d-o.com　www.nassia-inglessis.com

ブルックリンの A/D/O は Greenpoint にある23,000平米フィートの共同オフィス。今回のポップアップ展示は、Nassia Inglessis による「URBAN IMPRINT」この展示で彼女は、設計された物理的環境や構築環境と人間の空間認識感覚がどのように相互作用の上に成り立つのかを実験している。覆いかぶさるゴム製の天井は一歩づつ歩く事でワイヤーが引っ張られ、天井が空き、そこに空間が、歩きながら広がってゆく。これは、物質中心の空間から解放され、人間中心の歩み／アプローチを取る事で見えてくる「拡張された物質性」の結果。物質世界を人間の相互作用と、その意図／意思により近づける方法を開拓する試みなのだ。

Green River Project LLC

www.greenriverprojectllc.com

注目のクリエイターとして紹介するのはグリーンリバープロジェクト LLC。2017年に AARON AUJLA と BENJAMIN BLOOMSTEIN によって設立された家具製造レーベル。彼らの家具とインテリア&プロダクトデザインのアプローチは、ニューヨークのプロダクトアーティストとして10年間のスタジオ修行によって形成されたものだ。メインの仕事は住宅内装、店舗改装に加えて、毎年グリーンリバープロジェクト LLC として、4つのコレクションをリリースしている。ユニークストーリーから想起したオリジナル作品の家具や彫刻的なオブジェクトなどを生産&発表している。全てハンドメイドでブルックリンの倉庫跡地の工作所で製作されている。

HEIMTEXTIL

IMM
COLOGNE

M&O PARIS
JAN

M&O PARIS
SEPT

Stockholm
Furniture Fair

AMBIENTE

Singapore
Design Week

MIART

SALONE
DEL MOBILE

NYC x
Design

ICFF NY

FORMEX

HABITARE

LONDON DESIGN
FESTIVAL

LONDON
DESIGN FAIR

INTERNATIONAL CONTEMPORARY FURNITURE FAIR 2019

国際コンテンポラリー家具見本市

www.icff.com

Place: Jacob K. Javits Convention Center, NY. USA.
Date: 19 to 22 May 2019
Exhibitors: 800 / 800
Visitors: 38,000 / 36,000

北米で最も注目すべきデザインとラグジュアリーのトレードフェアー

北米のグローバルデザインショウケースとして君臨している国際コンテンポラリー家具見本市ICFF。2019年で31年目を迎えた。インテリアデザイン一般、家具、照明、アウトドアファニチャー、建築素材、壁紙、アクセサリー、テキスタイル一般、キッチン、バス関係、ファブリックなどの関連商材を展示。駆け出しのスタートアップデザイナーから建材供給や製造メーカーまで、商品構成は非常に幅広く豊かだ。海外メーカーの代理店を通して販売される輸入品も多数出展し、国内外問わず一通りの最新製品のトレンドが観察出来る。セクション毎にフィーチャーされている内容は以下の通り：The Contract @ICFF では、ホテル、ホスピタリティーや建築関係の展示。ICFF Studio は、若手デザイナー発掘とそのフォローアップによる業界と若手の架け橋的役目のエリアで、比較的新しいメーカーやレーベルが多く出展している。ICFF Schools では、全米のデザインや建築の学生たちのプレゼンテーションが展示されている。ここは、学生達が考える「今」にフォーカスした展示で、卒業作品から、企業とのスペシャルプロジェクトなどが紹介されている。また、デザインプロフェッショナルを招致した業界向けのセミナープログラムも充実。Marcel Wanders や Karim Rashid などから、実務的かつ実用的な内容のものまで開催している。今季はオランダの Ventura New York - the Dutch edition も開催。Ventura はミラノから始まった地域デザインイベントで、ニューヨークバージョンを ICFF 内でアピールしていた。また、アワード系では、Constellation Awards が新しく設立されていた。これは、レジデンシャル、ホスピタリティーやヘルスケアー製品の出展者に向けたアワードとなっていた。また、Luxe Interiors + Design 雑誌の特別展、アートワークのギャラリーを集めた ICFF Gallery、6社のスペインのメーカーを誘致した Interiors of Spain なども開催していた。現在のアメリカの安定的な景気が反映され、付加価値性の高いラグジュアリーなジャンルの消費に注目が集まっている様子だ。幅広い消費者層が入り混じる混合玉石の展示会なので、独自の視点さえ忘れなければ、必ずビジネスに繋がるユニークな機会を体験する事が出来る筈だ。

Jeff Martin Joinery

www.jeffmartinjoinery.ca

カナダのブリティッシュコロンビアを拠点に活動する木工職人＆デザイナレーベルの Jeff Martin。ハイエンドカスタム木工家具を製作を得意としている。昨年から手がけている新たな手吹きのガラスのプロジェクトを進化させ、より製作手法を改良し、大型のオブジェだけでなく、小型のフラワーベースなども提案していた。今回のエディションは廃棄木材をガラス型として活用し、一回の使用で燃え尽きてしまう木型で製作されている。どれもユニークな限定作品だ。

HACHI COLLECTIONS

www.hachicollections.com

「人々の生活を豊かにする」をテーマに家具デザインと製造を手掛けている HACHI COLLE-CTIONS。「デザイン自体が必要なのではなく、デザインは終わりのない追求なのだ」と言う理解のもとに仕事に取り組んでいる。「ハチコレクション」の「ハチ」は、日本語の読みの8番を表している。物を形作るために不可欠な要素である明暗の意味も含んでいるこの数字8は、古来、人間の豊かさと繁栄をも表しており、これらの要素が企業哲学をも表しているため、HACHI COLLECTIONS という名前で活動している若きブランドだ。こだわった品質とポップな上質感が印象的な注目のレーベルだ。

hollis+morris

www.hollisandmorris.com

カナダのトロントから出展していた hollis+morris。新しいライティングのコレクション BLOOM をリリースしていた。自然の至福のビジョンに触発された現代的な照明コレクション。BLOOM は、春の訪れを知らせる、最初の兆候として木に現れる花つぼみをデザイン化したもの。長い冬の後、急速に花開いてゆく自然の活力からイメージしたものだ。円形の照明ボールの部分は、柔らかく白い花に隠された輝くエネルギーを表している。

SOUDA

www.soudasouda.com

ブルックリンのライフスタイル家具レーベルの SOUDA。Bushwick に拠点を構え活動している若手ブランド。3名の創設者、Shaun Kasperbauer、Luft Tanaka、Isaac Friedman-Heiman は、パーソンズスクールオブデザインの同級生。新作は詩的で建築的な要素を感じさせる Bluff Side Chair。製作は Amish の家具職人が担当している。ラグの新作 Riff も登場。Design:Luft Tanaka

Crump & Kwash

www.crumpandkwash.com

Crump & Kwash は、メリーランド州ボルチモアに拠点を置くデザインスタジオ。モダンで素材感を大切にした家具の製造に取り組んでいる。 2015年に設立されオーナーは Justin Kwash と Paul Crump。学生時代の建築と彫刻の経験から、シンプルさと思慮深いデザインが最も雄弁だという信念に基づいて、自社のオリジナル製品をデザインしている。

SHORE

www.shorerugs.com

SHORE は、人間工学に基づいたラグの分野を開拓した健康重視のライフスタイルとデザインブランド。ラグは美しく、非常に機能的でそのカラフルな色彩が特徴的なプロダクトだ。健康、快適さ、職人技の上質でユニークなソフトラグの豪華な体験は新しい。今回は、新しいデザインパターンのラグとサイズ別のラグクッションがリリースされていた。

ANDlight

www.andlight.ca

カナダのバンクーバーから出展していた、照明器具の設計と製造を手掛ける ANDlight。今 回 は4つ の 新 作 を 発 表。Design Academy Eindhoven 出 身 の Lukas Peet の PEBBLE、ARRAY、PIVOT シリーズ。そして、カナダのデザイナー Caine Heintzman がデザインした柔らかい色合いの光が特徴的な VALE コレクションも発表していた。

Formex 2019

フォーメックス 2019

www.formex.se

Place: Stockholmsmässan, Stockholm, Sweden
Date: 20 to 23, August 2019
Exhibitors: 800 / 850
Visitors: 17,134 / 23,000

Formex- 北欧の主要なインテリアデザインシーン

FORMEX／フォーメックスはスウェーデンのストックホルムで開催されている北欧インテリアデザインの展示会。Formex は1960年に始まり、年に2回、1月の初めと8月末に開催されている。フェアごとに約800者の出展社で賑わっている。インテリアデザインプロダクト、ファッションアクセサリーなどのホームファッションが中心になっている。来場者はインテリアデザイン業界を中心とした、国際的なバイヤー、エージェント、ホールセラー、デザイナー、プロデューサーやメディア。北欧のトレンドを意識した情報発信を強化し、毎シーズン明確なテーマのライフスタイルトレンドも提案し北欧のトレンドに敏感な来場者に明確な潮流を示している。

イベントやセミナー、企画展示も積極的に開催している。FORMEX DESIGN AWARDS では、Formex Nova では北欧の若手デザイナーの表彰、新製品の中で優れたプロダクトに賞を授与する Formidable、Design Students Selected では、学生や駆け出しのデザイナーの作品を紹介する展示、Formex Bar は飲食スペースとレストランやワークショップなどを開催、Formex Trends では、その年のトレンドをスタイル別で色彩パレットを組み込んでリリースしている。また、Master works では、アルチザンの職人の工房をイメージしたコーナーで、職人によるワークショップや実演も行っている。

展示会としてはミディアムサイズのトレードフェアーではあるが、明確な展示会のスタンスとその最新の情報提供を幅広い市場関係者に情報発信している。世界的に経済背景は不安定な中、ミディアムスケール、いや、ヒューマンスケールとも言うべき、時代変化の激しいリテール市場で懸命に最適化してゆく努力を怠らない展示会の姿勢は、見習うべき姿となっている。

Formex Nova
www.formex.se

Formex では、北欧のインテリアデザイン業界で働く比較的知名度の低いデザイナーによって作成された高品質の北欧デザインを促進するために、Formex NOVA 賞 -Nordic Designer of the Year を設立している。受賞者は8月20日に発表され表彰される。

Falke Svatun
www.falkesvatun.com

Falke Svatun はノルウェーの Åsgårdstrand で育ち、2011年シドニー工科大学で工業デザインの学士号を取得。2014にオスロにて Falke Svatun Studio を設立している。彼は、2017 Wallpaper Design Awards：Aerial、2016 Bo Better Design Awards：Newcomer of the Year および2016 The New York Times の15人のエキサイティングな新しいデザイナーなどのデザイン賞を受賞している。鋭いミニマリズムで自分を表現し、その結果、グラフィカル、エレガントかつ美しいデザインに仕上げられている。

Hilda Nilsson
www.hildanilsson.com

Hilda Nilsson はストックホルムで生まれ育ち、現在はコペンハーゲンに拠点に活動。ロイヤルデンマークアカデミーオブファインアーツアーキテクチャー卒業、デザインアンドコンサベーションスクール卒業、2017年ヤングスウェーデンフォーム賞を受賞。エンジニアリングとアートの境界線を表現し、古代の伝統工芸と現代のデジタル製造方法の美しく興味深い共生を達成している。エンジニアリングが伝統を豊かにする方法を証明する優れたスキルを持ち合わせたセンスの持ち主だ。

kaksikko Studio
www.studiokaksikko.com

2014年に Salla Luhtasela と Wesley Walters によって設立。二人ともヘルシンキのアールト大学で学んでいる。彼らは自分たちをデザイナーよりも「造形の提供者」と見なし、初期段階から手を使って作業するプロセスを重要視し、最終的なフォルムまで仕上げている。独自のデザインプロセスと表現方法にこだわっている。機能性と古代の要素のクラフトの融合、フィンランドのデザインベーシックなアプローチだ。

Kasper Friis Kjeldgaard
www.kasperkasper.com

2016年に王立デンマーク美術アカデミーを卒業。彼の作品は、Mindcraft in Milano、The Curio-Chart Art Fair、Patrick Parrish Gallery などで展示されている。Kasper Friis Kjeldgaard は、蜂蝋と剛毛の金属ブラシで立体的な造形を生み出す。平面の円盤はモビール化させ立体感を強調するモデルも有れば、単純に平面体のみで大胆に大らかにプレゼンテーションされるものもある。細部と物質的な素材感を探求し、ユニークなで不思議な感覚を見るものに与える。彼の芸術的能力は、日常の製品の設計においても大きな財産になる可能性がある。

Theodóra Alfredsdottir
www.theodoraalfredsdottir.com

アイスランドアカデミーオブアートで製品デザインの学士号を取得し、2015年ロンドンのロイヤルカレッジオブアートでデザイン製品の修士号を取得している。彼女はロンドンに拠点に、自主プロジェクトや、Philippe Malouin や Bethan Laura Wood などの他の著名デザイナーともコラボレーションをしている。彼女はストーリーテリング／哲学的な物語的デザインアプローチを取り入れ「オブジェクトとは何ですか、マテリアルの意味は何か？」を問いかける。彼女のデザイン倫理は、リサーチ、物理的存在の証明、独自性の追求、地に足をどっしりと構えた down to earth のアプローチ。

Animism
by Li Edelkoort

www.edelkoort.com

世界で最も著名なトレンド専門家 Li Edelkoort の考える「Nowness ／今の感覚」

オブジェクトの固有のエネルギーを再認識する8種のライフスタイルテーマを掲げ「Animism ／精霊信仰」を提案。トレンド専門家 Li Edelkoort が作成したユニークな展示会が開催された。ストックホルムのエントランスホール全体を占めるインスピレーショナルな展示「Animism ／精霊信仰」は、「無生物でも魂を持つ」ことができるという信念に基づいてプロダクトがキュレーションされている。デザイン界で最も尊敬されているトレンドエキスパートの1人である Li Edelkoort の提案するこの「Animism ／精霊信仰」は実はそれほど新しいコンセプトでは無い。おそらく10年程前から彼女はこの言葉を提案し続け、言ってみれば時代がこの「Animism ／精霊信仰」に寄り添って来たのかもしれない。「私たちの展覧会は、エントランスに歩み入る所から始まる「精神的な体験」を目的としています。いままでの「買い物経験」とは違う別のショッピング方法で導きたいと考えて見ました。商品や素材の「感情的な価値」に重点を置くことにより、日常のオブジェクトに見られる美しさとエネルギーを伝えたいと考えています。出展者のデザインを尊重し、穏やかで落ち着いた環境で考えられるように演出しました。まるで、初めて出会ったかのように」
1.animal　2.feather　3.moon　4.pebble　5.seedpod　6.shell　7.twig　8.wave

Li Edelkoort

AAAAA

www.aaaacoop.com

Atelier Autodidacts Anti Algorithm (AAAA)

arfomodernism ／アフロモダニズムとは、アフリカの原住民の伝統や儀式などから影響を受けたスタイル。古典的なお面、アーツ＆クラフト、スツールや道具などは、現代のモダニズムに多大な影響力を及ぼしている。ビジュアル言語としてのシンボリックで信仰性の高いものほど、北欧に限らずあらゆる文化に影響を与えている。ITC Ethical Fashion Initiative（女性のエンパワーメントをはかるため、世界貿易機関（WTO）と国際連合の合同機関である国際貿易センターによって立ち上がった機関）による新しいプロジェクト AAAA。「bogolan」という手法で製作されているテキスタイルだ。アフリカの Mali の手仕事を再構成し、地元経済の活性化と女性の自立をサポートする新たな動きが紹介されていた。

HEIMTEXTIL

IMM COLOGNE

M&O PARIS JAN

M&O PARIS SEPT

Stockholm Furniture Fair

AMBIENTE

Singapore Design Week

MIART

SALONE DEL MOBILE

NYC x Design

ICFF NY

FORMEX

HABITARE

LONDON DESIGN FESTIVAL

LONDON DESIGN FAIR

Habitare 2019

アビターレ 2019

www.habitare.messukeskus.com

Place: Messuaukio 1, 00520 Helsinki, Finland
Date: 11-15 September, 2019
Exhibitors: 407 / 470
Visitors: 58,005 / 59,200

フィンランドで最大かつ最も刺激的な家具インテリアデザインのイベント

フィンランドで開催されている最先端のデザイン、家具そしてインテリアデコレーションのトレードフェアー。フィンランド国内市場の活性化を目的に始まり、今は北欧各国は然り、国際的なデザイン供給のプラットフォームとして健闘している。

特別イベントの企画を中心に展示会内の企画展にも力を注いでいる。モダンフィンランドデザインとアートの展示「Wild at Heart」、トレンドインスピレーションの環境展示「Signals」、若手デザイナー達をあつめたセクション「The Block」、若手デザイナーを支援するイベント「Protoshop & Talentshop」、デザイン学校の展示「Habitare Design Competition」、最新マテリアルの集めた展示「Habitarematerials」、同展示会場内の隣会場では、コントラクト向けメーカーを集めた「アビターレ・プロ」、会場内はエリアに分割され、「AHEAD」エリアでは「Habitare Light」「Habitare Startup」「Ethical area」に別れている。また、「FOLK」ではデコレーション系、バスルーム＆サウナ、建材、家具、ホームアプライアンスなど。「Habi Kids」では子供や赤ちゃんの子連れ向けに休憩エリアが子どもの遊び場になっている。「DECOR」エリアでは、装飾系アクセサリーとコンサルティングサービスなどを集めている。また、同会場の隣の展示会場では「ANTIIKKI AT HABITARE」アンティークの見本市や、「HighEnd Helsinki」というプロフェッショナル

オーディオ専門フェアも日付をずらしてほぼ同時期に開催。こちらもコレクターが喜びそうなフィンランドらしいラインナップで充実している。

ヘルシンキ市街で開催されている「Helsinki Design Week」市街の主要な場所、デパートメントストア、ギャラリー、ショールーム、ポップアップなどを開催。期間中は特別レクチャー＆セミナー、オープンイベント、パーティー＆レセプション、クリエイティブデザインワークショップなど、一般の人々でも入りやすいイベントが行われる。2019年はメインの展示会場を改装予定のビル一棟を貸し切って開催。Main Venue/ Erottaja 2 では、「DesignPartners19」、「Room with a View」、「Grafia Vuoden Graafikko 2019」、「Metsähallitus #KESTÄVÄÄTEKOA exhibition」など、多くのイベントで盛り上がっていた。

ヘルシンキのデザインエコノミーは活性化している。新たな期待をもってヘルシンキが盛り上がりを見せている。日常生活におけるインテリア需要の質の高さ、ローカルな家具インテリア製造業者の存在、毎年アート＆デザイン学校から送り出される高いデザイン教育を受けた若手クリエイター達。北欧インテリアデザインの意識レベルの高さが伺える。室内環境へのこだわりは、こうしたアビターレのような展示会から発信され、市場の活性化に繋がって行くのかも知れない。

Talentshop 2019

毎年、Habitare は、世界が今すぐフォローしなければならない最もエキサイティングなフィンランド人デザイナー4人を紹介している。これらの厳選されたデザイナーには、複数のデザインを独自の解釈で自分自身を発信できる能力を兼ね備えた小さな未来のデザインスター達なのだ。

Hemmo Honkonen
www.hemmohonkonen.com

彼は、ユーザーエクスペリエンスとインタラクションに興味を持ち、視覚的および機能的に洞察力のある作品を作成している。

Kristoffer Heikkinen
www.kristofferheikkinen.com

デザインの指針は、「最終結果がユーザーに可能な限り最良の方法で役立つように多くの情報を検索し,多くをテストすること」

Laura Itkonen
www.lauraitkonen.com

ハンドメイドでディテールにこだわり、視覚的、触覚的、建築的で、彫刻的なアプローチで「機能のあるアート」がモットー。

Rasmus Palmgren
www.rasmuspalmgren.com

革新的なソリューション、素材、美学、使いやすさ、生産性の間で考え抜かれた持続可能な製品を設計することがデザインベース。

mina perhonen

www.mina-perhonen.jp

話題の展示は、日本のファッションテキスタイルブランド mina perhonen。ハンドドローイングを主とする手作業の図案によるテキスタイルデザインを中心に、衣服をはじめ、家具や器、店舗や宿の空間ディレクションなど、日常に寄り添うデザイン活動を行っている。今回は、「Cushion for living、Passion from craftmanshi」と題したインスタレーションを展開。様々な素材、ユニークな造形のクッションを発表していた。パッチワークが素敵な ravioli meets クッション、お菓子のような可愛らしい tambourine fig クッションなど多数リリースしていた。今後は日本でも幅広く展開予定だ。

PUHDETYÖ

@puhdetyo   www.maijapuoskari.com   www.aaltoaalto.com   www.studiotolvanen.com
www.behance.net/tuukkatujula

PUHDETYÖ は、ヘルシンキで活動する6名の独立デザイナー達によるポップアップ展示。フィンランド語の「PUHDETYÖ」の意味は、生活の雑用が終わった後のハンドクラフトによる仕事という意味。この展示では、「PUHDETYÖ」とは、強い意志や制約があって作られるものでは無い、自由な感覚を優先して製作される何か、という意味で捉えている。各デザイナーは、この自由な感覚に則って、作ることへの興味や情熱は忘れずに「ものをつくる」原点に戻ってデザインに挑戦していた。コレクションでは、手吹きガラスからセラミック、テキスタイルや家具などが提案されていた。
Designers：AALTO+AALTO、STUDIO MAIJA PUOSKARI、
STUDIO TOLVANEN、TUUKKA TUJULA

Protoshop

www.imudesign.org/protoshop/2019_fi/tuotteet-tekijat-2019/

2019年で開催11回目を迎えていた Protoshop。プロトタイプをデザインした若手デザイナー 10 名の展示になっている。どの作品も目的によって要素は様々だが、それぞれの最適な解決策を提示した思量深いデザインが多い。このような作品の中から、いつか未来に繋がるタイムレスピースが生まれて来るに違いない。この展示は Immu Desig と The Finnish Fair Corporation の共同サポートで開催されている。

MR
ANNA-SOFIA JUNTUNEN
www.anna-sofiajuntunen.com

NUKU
ELISA DEFOSSEZ
www.elisadefossez.com

UUNO
FANNI LAUKKANEN
@fannilaukkanen

HILJA
HELMI LIIKANEN
@helmilii

DAWN
IINA KETTUNEN
www.iinakettunen.com

MAIDEN
JUKKA SURAKKA
surakkajukka@gmail.com

VARPU
LAURA MERILUOTO
www.laurameriluoto.com

NIGHT FLOWERS
MATILDA PALMU
www.matildapalmu.com

HEIMTEXTIL

IMM
COLOGNE

M&O PARIS
JAN

M&O PARIS
SEPT

Stockholm
Furniture Fair

AMBIENTE

Singapore
Design Week

MIART

SALONE
DEL MOBILE

NYC x
Design

ICFF NY

FORMEX

HABITARE

LONDON DESIGN
FESTIVAL

LONDON
DESIGN FAIR

London Design Festival 2019

ロンドン・デザイン・フェスティバル 2019

www.londondesignfestival.com

Place: London, U.K.
Date: 14 to 22 September 2019
Exhibitors: 400 / 400
Visitors: 600,000 / 588,000

ロンドンは世界のデザインキャピタルとして羽ばたく

益々盛り上がりを見せていた London Design Festival 2019。ロンドンのクリエイティブエコノミー活性化は2003年から始まり、デザインのイベントとしてだけで無く、世界から注目されるクリエイティブデザインプラットフォームとして周知されている。2019年は400以上のプロジェクトが市内各地で開催されていた。一般的な展示会、ミュージアムでの特別イベント、インスタレーション、ポップアップ、ギャラリーやレストラン、ホテルやファッションストアなどの商業施設など、年々様々な形のイベントが変化しながら、増して盛り上がりを見せている。ロンドンはクリエイティブエコノミーをロンドン市を挙げて推進し、ランドマークになる場所の資産価値の向上と治安の安定を確保している。都市開発を活性化させ安全で暮らしやすい生活基準の向上を目指している。

ロンドン市内各所で開催されるイベントの分類として分かりやすいのは、公式な展示会とそれ以外。原点として開催されているのは大型展示会場で開催されるトレードフェアー。こちらは、ロンドンの市内と近郊で実施され、プロフェッショナル向け、プロデューサー、ホールセラー、バイヤー達の仕入れ目的の展示会となる。これを称して Design Destinations と呼んでいる：100% Design、designjunction、Focus/19、London Design Fair、Decorex International などがそれにあたる。もう一方は、同時期に開催されるのは Design Districts。これらは地域の活性化を目的としたイベントで、ショップやショウルームや、ポップアップ、ギャラリーなどだ。地域別で開催される流れのイベントだ。一般向けで誰でも訪問可能な、お祭りのような感覚で開催されるものが多い。デザイン専門家や建築関係のプロフェッショナルだけでなく、地元民、来訪者まで、みんなで盛り上がる感覚のイベントになっている。Bankside Design District、Brompton Design District、Chelsea Design District、Clerkenwell Design Quarter、King's Cross Design District、Marylebone Design District、Mayfair Design District、Pimlico Road Design District、Shoreditch Design Triangle、Victoria Connections Design District、West Kensington Design District。

ローカルビジネスとクリエイティブエコノミーの共有と成長こそがこのフェスティバルの目指す所。このロンドン・デザイン・フェステュバルが見つめる将来的な構想は、多様性を含んだ経済発展とそこに暮らす人々の人間的生活。こうした共創こそが大規模なデザインイベントが到達しうる一つの状況なのだ。世界中で開催される無数のデザインイベントだが、このロンドンでの成長は現在も脈々と受け継がれ、市内は様変わりしながらも、安定拡大成長を遂げている。世界的な不安な社会経済状況は続くが、新たなクリエイティブプラットフォームとして確実に安定拡大を継続している。

Bamboo (竹) Ring:
Weaving Into Lightness
Kengo Kuma
14–22 September 2019

V&A

www.vam.ac.uk

V&A では数多くのイベントが開催されていた。学生や有識者によるリサイクルやサステイナブルの提案、People's Kitchen という Food Waste を無くす試みをする運動など様々だ。その中でメインの中庭で開催された、Bamboo（竹）リングでは、日本の建築家 Kengo Kuma によって製作された「Take-wa／竹わ」のインスタレーションを展示。これは、彼によって探究された、竹と織りの概念の実験。竹の特性を生かした、しなやかさ、軽さ、強度、そして施工する職人による精度の追求だ。竹を編み込む際のコネクションにはしなりを更に強化する為にカーボンファイバーが使用されている。持続可能な素材の再構築と可能性を提案するイベントとなっていた。

Tom Dixon
www.tomdixon.net

ロンドンで一番話題になっている場所はこの King's Cross 地区。再開発地区の建築物もほぼ完成。そこにはトムディクソンのショップやショウルームに加え、ショッピングコンプレックス、ショップ&ショウルーム、ワークショップ、展示会スペース、レストランなどが集結している。今回は「TouchySmellyFeelyNoisyTasty」を開催。「TOUCHY FEELY」では、メンズケアーブランド Harry's とのコラボで、Tom Dixon デザインの手持ちのハンドル部分が組み合わせ可能な髭剃りを発表。「SMELLY」では、フレグランスの新作コレクション Underground と Alchemy をリリース。「TASTY」では、農家直送の有機人参の"本物の味"を知ってもらうイベントを開催。フレッシュジュースバーを設置していた。「LOOKY」では、照明シリーズの新作「Fat, Swirl, Spring, Opal」を発表。「NOISY」では、シンセサイザーメーカーのTeenage Engineering によるパーティー DJ と LED lighting の新作シャンデリアで、90's 系のパーティーも盛大に盛り上がった。

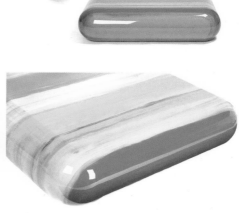

URUSHI Wajima by Max Lamb
www.galleryfumi.com

ロンドンのプロダクトデザインギャラリーと言えば Gallery FUMI。今回はエクスペリメンタルデザイナーのMax Lamb との新たなコラボレーションを発表。石川県の輪島漆塗りを使った新作での挑戦では、条件を設定「伝統的に使われている道具と現在使われている素材だけで新作を創造すること」毒性の素材、積層で塗り重ねられる漆、職人の深い知識、スローな製造プロセス（現代時間と比較すると！）、今では2名しか居なくなった研磨職人の仕事。「URUSHI」シリーズは22名のクラフトマン達との協業で完成された魂のデザインなのだ。「URUSHI IS NOT ALONE」

MDR Gallery

www.moderndesignreview.com

modern design review(MDR) は、活気に満ちた先端にある製品、人物、理論を詳述した独立したデザイン雑誌。MDR は数年前からポップアップで若手クリエイターとのプロジェクト進めている。今回は Brompton にてポップアップギャラリーイベントを開催。Attua Aparicio Torinos による挑戦では、中国の景徳鎮への３ヶ月のレジデンシーに出かけ、そこで発見した思いをプロジェクト化していた。1700 年間の陶芸の歴史がある景徳鎮は磁気が有名。工場では、平坦なお皿が日々不良品として弾かれてゆく。そこでこの不良品のリサイクルの可能性を探っている。表面には素材の違うガラスを使った顔の装飾が描かれ、限定100 枚の作品を作りあげている。また彼女の照明やオブジェなども展示されていた。

SEED LONDON

www.seedslondon.com

エクレクティックなインディベントギャラリーの SEED LONDON。今回は「MASTERS OF DISGUISE ／変装のマスターたち」を開催。キュレーターは独立デザインスタジオの M-L-XL STUDIO が担当。テーマは、人間の本性を見ることは「Nature/Nurture ／自然：養育」を解釈しようとすること。このテーマで20 名によるクリエイター達：創造的な専門家としての、自分のアイデンティティを反映する作品を製作、展示していた。私たちは誰であり、それをどのように解釈するかを問うている。彼らの個々のアイデンティティの解釈である作品が「人間性 - マスクの形」 様々なハイパーメディアによって現実世界にまたがる日常性を、自分自身を通してどのように理解するのか？ このプロジェクトでは、強力な比喩表現の一つとしての「マスク」を通して、アイデンティティへの質問を投げかけている。

Please Stand By by Marléne Huissoud
「Brompton Biotopia」
www.marlene-huissoud.com

エクスペリメンタルデザイナーの Marléne Huissoud が考える環境問題への解決策。ブロンプトン地区にある公園の一角。そこには多様性に富んだ多くの動物が観察できる。鳥類の集団、ミツバチ、虫。その小さな生命動物は人間の環境破壊により多くの種族が日々滅亡していっている事実。そんな生物達に生命の生息地を作成するプロジェクトを行っていた。天然素材と生分解性素材を使用し、人間のデザインの慣習ではなく動物がどのように自分の住処を確保するのかを研究し、持続可能な生物／動物用シェルターを作成展示していた。

Mint shop
www.mintshop.co.uk

最新の若手デザイナーをいち早くキュレートし毎シーズン提案している MINT。Lina Kanafani のキュレーションによる今季の展示では「RAW ／ロウ」型破りなアプローチに挑戦しているデザイナーにフォーカスし、彼らの考える「今の時代感」が見え隠れする作品に注目していた。「自然とミニマリズム」に傾注した作品が多く、また地球環境に対する人間の消費行動とは具体的にどうなるべきなのか？という問いに対する表現を基準にした作品も多く見受けられた。６０人以上のクリエイターの作品を紹介し、持続可能な社会と技術革新がもたらす若手デザイナーへの進化過程を垣間見ることが出来る展示となっていた。

HEIMTEXTIL

IMM COLOGNE

M&O PARIS JAN

M&O PARIS SEPT

Stockholm Furniture Fair

AMBIENTE

Singapore Design Week

MIART

SALONE DEL MOBILE

NYCx Design

ICFF NY

FORMEX

HABITARE

LONDON DESIGN FESTIVAL

LONDON DESIGN FAIR

Cassina

www.cassina.com

「The Cassina Perspective ／カッシーナの視点」イタリアのインダストリアルデザインのパイオニアである Cassina。ブロンプトン地区でのショールームを拡張。アートディレクターのパトリシアウルキオラが監修した新たな空間と環境で印象的なインスタレーションと新作のリリースが開催された。アートディレクター Patricia Urquiola がキュレーションした新しいコレクションには、Patricia Urquiola、Ronan & Erwan Bouroullec、Rodolfo Dordoni、Mario Bellini。それに近年大人気で復活したスイス建築家の Pierre Jeanneret のシリーズも新色や仕上げで演出されていた。また、Cassina では、デンマークの照明ブランド Karakter も傘下に置き、このブランドの製品コーナーも展開していた。

Bill Amberg

www.billamberg.com

Bill Amberg が新しいデジタルプリントレザーコレクションを発表。6名の著名なクリエイターとのコラボレーションでは、デジタル印刷された革の信じられないほどの可能性を示すデザインを創案。Marcel Wanders、Calico Wallpaper、Champalimaud Design、Solange Azagury-Partridge、Lisa Miller、Matthew Day Jackson。最高の倫理基準と持続可能性基準で作成され、皮革へのグラフィックプリントの可能性がさらに広がっていた。室内装飾革のグローバルスペシャリストとしての Bill Amberg のプリントの皮は、先進的かつ現代的なデザインと革新的な天然皮革を組み合わせた。デジタル的なアプローチの限界に挑戦し、皮革本来の素材の特性と美しさを生かしたプリントレザーコレクションが開発されていた。

I-MADE

www.i-made.co.uk

「I-MADE」は Italian Manufacture Art & Design Exhibition の略称。I-MADE は、イタリアのデザインに特化したロンドンでの最初の展示会。有名な建築家およびデザイナーの Giulio Cappellini によってキュレーションされ、チェルシーの象徴的な Saatchi Gallery にて開催された。イタリアの革新と職人技を紹介するだけでなく、今日の業界を形作っている象徴的なイタリアのブランドとデザイナーの情熱と伝統を伝える展覧会となっていた。イタリア各地から50の出展者を集めていた。

MOLTENI&C / DADA
www.molteni.it

「THE ART OF LIVING」では、昨年ローンチした新ショウルームが完全機能し、高級イタリア家具メーカーの MOLTENI&C と同社傘下のキッチンブランド DADA の新作発表が開催された。建築家兼クリエイティブディレクターの Vincent Van Duysen が、ロンドン旗艦店の建築プランを総合監修。ダイナミックな店舗環境になっている。新しいコレクションには、Vincent Van Duysen の Gregor ソファ、Foster+Partners の Ava テーブル、Yabu Pushelberg の Surf ソファ、Rodolfo Dordoni の Kensington チェアー。並んで、Nicola Gallizia の天然繊維と素材の展示も開催。また、ドイツのテキスタイルブランド Sahco と協力して、Wallpaper* の編集長 Sarah も参加した、デザインと自然界の関係についてパネルディスカッションも行っていた。

CENRTAL SAINT MARTIN
www.arts.ac.uk/colleges/central-saint-martins

「Designing in Turbulent Times ／乱流時代のデザイン」は、メゾン／0：LVMH と CENRTAL SAINT MARTINS の学生による持続可能なイノベーションに向けたクリエイティブなデザインイベントを開催した。LVMH と、ロンドンの芸術大学のセントラル・セント・マーチンズは、さまざまなイニシアティブのもとで長年にわたりパートナーを組んでいる。2011年には、LVMH Grand Prix Scholarships (LVMH グランプリ奨学金）を設立し、優秀な学生に5種類の奨学金を授与している。また、2017年には、LVMH とセントラル・セント・マーチンズが大々的に掲げる "Sustainability & Innovation in Luxury | Fostering Creativity"（ラグジュアリーにおける持続可能性とイノベーション｜創造性の育成）も手がけ、このプログラムでは、創造性を育成し、ラグジュアリーにおける持続可能な発展とイノベーションに対応すべく、破壊的なソリューションを見いだすために、若き才能ある人材を招聘している。6つのテーマ：Designing with Abundance、Designing for Biodiversity、Designing for Conversation、Designing Alternatives、Designing with Time。

Benjamin Benmoyal
www.benjaminbenmoyal.com
「It Was Better Tomorrow」廃棄カセットテープやデッドヤーンストックで作った織物を開発。

Desmond Lim
www.desmondlimstudio.com
「Poise」ウォート骨材を使用したコンクリート。耐久性があり、エレガントで、経年変化し成長する。

Elissa Brunato
www.elissabrunato.com
「Bio Iridescent Sequin」完全に生分解性のバイオスパンコールを開発。一般的なプラスチックスパンコールの代替品を開発している。

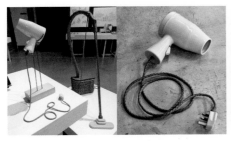

Eunhye Ko
www.eunhyeko.com
「Crafting Industry」商業用プラスチックやパッケージがゴミの1/3を占める現在。伝統的素材の陶器や柳／植物由来素材を使った提案。

Mi Zhou
www.mizhoudesign.com
「Soapack」石鹸を素材に使ったパッケージングを開発。

Olivia Page
www.oliviapage.org
「Recipes of North Portugal」地元の海藻のバイオマスや侵入種を使って、持続可能な建築材料や輸送パレットなどへの活用を目指す。

HEIMTEXTIL

IMM COLOGNE

M&O PARIS JAN

M&O PARIS SEPT

Stockholm Furniture Fair

AMBIENTE

Singapore Design Week

MIART

SALONE DEL MOBILE

NYC x Design

ICFF NY

FORMEX

HABITARE

LONDON DESIGN FESTIVAL

LONDON DESIGN FAIR

Arcade Collection #01

www.relaydesignagency.co.uk

イーストロンドンの Shoreditch に構える Relay Design Agency project では、リミテッドエディションによるデザインプロジェクトを発表。Arcade は、アーティストやデザイナーが製作制限の無い条件で、作品を制作できるようにするコミッショニングプラットフォーム。Relay オーナーの Neil Walsh 曰く「実験的なデザインにフォーカスし、製作される、家具、照明、オブジェクトは全て知覚可能な実用性を兼ね備えているのを条件としている」Design:Attua Aparicio、Robin Grasby、HAHA Studio、Richard Healy、Jochen Holz、Silo Studio。

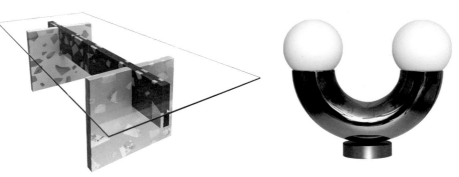

Blue Mountain school

www.bluemountain.school

Blue Mountain school はファッションのセレクトショップから始まったクリエイティブリテーラー。ファッション小売店／ Hostem、ギャラリー／ Blue Projects、レストラン／ Mãos、ホテル／ The New Road Residence を手掛けている。その Blue Projects で開催していたイベントがアメリカンデザイナーの Tyler Hays による「Urinals」Tyler Hays は NYC のソーホーにショウルームを持つ家具ブランド BDDW やファッションの M.Crow オーナー。彼はデザイナー、クラフトマン、ビジネス実業家としてだけでは無く、生粋のアーティストとしての才能を持つ。彼のスタジオがある Philadelphia の庭で取れた土をつかってハンドメイドで製作された7種類「Urinals」小便器の展示を開催していた。

SCP

www.scp.co.uk

ロンドンの家具製造小売店 SCP。今回のショウでは、Philippe Malouin、Matthew Hilton、Donna Wilson、David Weeks、Sarah Kay の新しいデザインを発表していた。このコレクションには、新しい室内装飾品、家具、アクセサリー、限定版と SCP の常設コレクションの一部としてデザインされたものの両方が展示されていた。Donna Wilson の Abstract Assembly コレクションは、全てハンドメイドで製作される限定作品。ダグラスファーとオークの無垢材、ハンドペイントで仕上げられている。デザイナー自身が色彩塗装の全てを手掛け、一人一人の消費者へユニークな色彩を届ける仕組みになっている。

The New Craftsmen

www.thenewcraftsmen.com

「Portrait of Place: Orkney」

新しい職人とのコラボレーションは、イギリスのほぼ北限に位置するオークニー諸島のクラフトワーク。ユニークで古代のわら作りの伝統を祝い、麦わら職人の仕事、バスケットメーカーの新しいプロジェクトを紹介。このプロジェクトは、2019年5月末のレジデンシーから始まり、The New Craftsmen のクルーは、オークニー諸島特有の、並外れた景観と文化に接する機会を持った。オークニー諸島の伝統の精神を語るアートワークのコレクションを開始し、地元のメーカーとの直接的なコラボレーションを実現していた。文化財を保護する意味においても重要性は高く、伝統工法のストローワーキングやオークニーストローバックの椅子製作など、家具職人デザイナーである Gareth Neal や Kevin Gauld とのコラボで完成したものだ。バスケットの専門家である Annemarie O'Sullivan と Mary Butcher とのアート作品製作も展示し、離島文化の物語を完成させていた。

HEIMTEXTIL
IMM COLOGNE
M&O PARIS JAN
M&O PARIS SEPT
Stockholm Furniture Fair
AMBIENTE
Singapore Design Week
MIART
SALONE DEL MOBILE
NYCx Design
ICFF NY
FORMEX
HABITARE
LONDON DESIGN FESTIVAL
LONDON DESIGN FAIR

London Design Fair 2019

ロンドンデザインフェア 2019

www.londondesignfair.co.uk

Place: Old Truman Brewery, London, U.K.
Date: 17 to 20, September 2019
Exhibitors: 550 / 550
Visitors: 29,236 / 29,432

ロンドンデザインフェスティバル期間中の最大のトレードフェアー

ロンドンのクリエイティブの中心地であるイースト・ロンドンのショーディッチ。ここで開催されているのが London Design Fair。世界40か国から550人の出展者が集まる4日間のイベント。出展者は、イギリス国内の業界関係者はもちろん、独立したデザイナー、アーティスト、デザインプロフェッショナル、建築家、確立されたブランド、国際的なカントリーパビリオン、国を代表する形で参加する文化機関、など様々な企画の詰まった展示会になっている。

開催地の Old Truman Brewery 近辺は、週末ともなれば、メインの道路は動きが取れない程の混雑する人気のスポットだ。イーストロンドンの北部は広がりつつあり、現在トレンドエリアとして注目され数々のレストランやバー、またクリエイティブな人々のコミュニティーとなっている。

London Design Fair の出展社の多くは PR や交流を目的としたプレゼンテーションやインスタレーションが出展する傾向が強い。安価な出店費用ではないが、抜け感のある環境で自社製品のアピールする事が重要だと考えれば、それも納得だ。ブランドイメージを考慮した戦略の一つを担っている

る展示会場であると言える。会場は工場跡地の為、インダストリアルな空間が広がり、コンクリート剥き出し、経年劣化による塗装剥げの後、レンガや古い錆びた鉄パイプ、シャビーでクールな環境になっている。そのような空間での展示が可能な為に、この展示会は賑わいを失わない。

エクレクティックで新しいエッセンスを持った魅力的なクリエイターから、著名ブランドまで様々な出展者が集う場所。入場者も出展社も、ある程度納得した形で2019の展示会を終了していた所を見ると、社会不安、特に UK の EU 離脱問題などによる影響が懸念される中、不景気の煽りをバランス良くかわす形で幕を閉じていた様だ。来年は更に激動の時代に突入することは間違いなく、そんな時代背景にも負けず、若さと力強い想像力で、逆行を巻き返す勢いで、時代に答えてくれることを期待したい。最適化し模索しながら邁進するクリエイター達の時代を切り裂く新しい何かは、積極的な動きで見えてくる。未来の新たなプラットフォームを創造している London Design Fair では、探している何かに間違いなく出会う事が出来るはずだ。

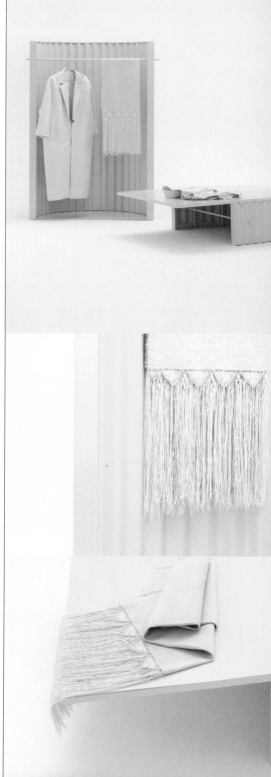

Flatwig Studio + Kristína Šipulová

www.flatwig.com

Erica Agogliati と Francesca Avian の Flatwig Studio は、タイムレスなアプローチを得意とするデザインコンサルティングスタジオ。ダイナミックで異種混在的なスタイルでインテリアデザイン、カスタムメイドの家具、オブジェやグラフィックなどを手掛けている。新作の Ondula は、屋根材を活用したコレクション。一般的に使用される産業用要素である波形金属シートから設計されている。軽量で移動可能な家具のコレクション。

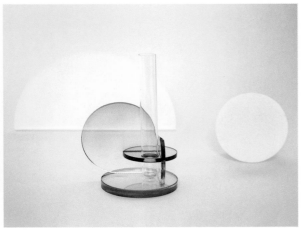

Hattern

www.hattern.com

Hattern の意味は、「Happy+Pattern」ソウルで活動するデザインスタジオの Hattern のこだわりは、影／淡色から濃色へ段階的に変化する色合いや、素材のコンビネーション。数多くのデザインプロジェクトに関わり、特にプロダクトデザイン、グラフィック、VM と空間デザインを得意としている。デザイナーでオーナーは、Kyungsun Hwang, Min-ah Kim, Hajin Yoon の3名チーム。新作の「Pinpon」プロジェクトは、ソウルのデザインスタジオ Lab.Crete とのコラボレーションで、アクリルとコンクリートの2種類の素材の関係性を追求したストーリーから始まったもの。コントラストの強い素材同士を色彩、パターン、造形によって融合した作品になっている。

Adorno

www.adorno.design

「Crossovers」
Adorno はデンマークのオンラインデザインギャラリー。今回は、独立したデザイナーによるダイナミックな作品のコレクションを発表。この展示では、伝統工法による地方の土着したオブジェを見直し、そこにデザイナーの視点を通して開発した作品展だ。各シーンは国別になっており、それぞれの国の保有する美的特徴と美しさを強調し、異文化間の対話のプロセスが伺える。これは、デザインから発信し、文化的および社会的意義に発展する大事なプロセスだと伝えようとしていた。各シーン別にそれぞれデザインキュレーターが担当し、さまざまなローカルデザインシーンのトレンドとスタイルを紹介するユニークなコレクションを展示。今日のローカルデザインと工芸文化の現状を反映したものだ。焦点はアーティストに置かれ、アートとファンクショナルオブジェクト、デザインとクラフト、デザインとアートの3つの共存領域である「芸術の交差点」と言うべき作品に注目だ。古いデザイン手法と新しい手法を組み合わせて、歴史的な伝統を維持および再解釈しながら、新しいデザイン言語で開発した様々な作品が堪能できるイベントとなった。

HEIMTEXTIL

IMM
COLOGNE

M&O PARIS
JAN

M&O PARIS
SEPT

Stockholm
Furniture Fair

AMBIENTE

Singapore
Design Week

MIART

SALONE
DEL MOBILE

NYC x
Design

ICFF NY

FORMEX

HABITARE

LONDON DESIGN
FESTIVAL

LONDON
DESIGN FAIR

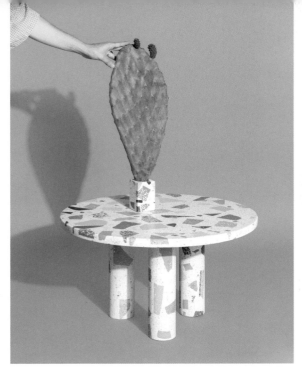

Huguet Mallorca

www.huguetmallorca.com

1933年以来、イタリアのマヨルカ地方の伝統油圧式工法の床タイルやテラゾーの製造を行っている Huget Mallorca。建築家と密接に協力し、伝統的で革新的な製品を提供している。Made in Mallorca ショーケースの一部として参加していた Huget Mallorca は、マヨルカを拠点とする建築スタジオ SMS Arquitectos によって設計された Terra テーブル発表。特徴的でカラフルな Terra テーブルは、生産プロセスから出る廃棄物であるリサイクルされたテラゾ骨材から作られている。

FLOOR STORY

www.floorstory.co.uk

若手デザイナー達また、独立デザイナーとの精力的なコラボレーションによって、ユニークで美しいラグとカーペットを製造するイギリスのメーカー FLOOR_STORY。東ロンドンで活動するイラストレーター、陶芸家、アーティストの顔を持つ John Booth の作品では、そのビビットな色彩と漫画のような風合いが喜びのある作品となっている。顔のグラフィックラグ Giovanni など5種類を発表。Camille Walala の天真爛漫で80's や DADA イズムを感じさせる [Tribal-pop] なグラフィックを反映させたラグ Equilibrium など9点をリリースしていた。

Material of the Year 「Biomaterials」

2019年のマテリアルオブザイヤーのテーマは「Biomaterials」2018年では、プラスチック部品を再利用するテーマで展開。今回は、世界中で注目されているバイオマテリアル／生体材料の可能性を紹介していた。デザイナー達は、地球環境ににとって優しい素材とは何なのか、最小の環境負荷で製造可能な循環社会向け素材や製造アプローチを実践しているデザイナー達の努力の結果を展示していた。

Chip[s] Board

www.chipsboard.com
Material: potato waste ／廃棄されたじゃがいも

Rowan Minkley と Rob Nicoll が共同設立した Chip [s] Board は、食品廃棄物を価値の高い循環経済素材に変える革新的なバイオマテリアル企業。Chip [s] Board は、バージン素材を継続的に処理する代わりに、現在利用可能なリソースを活用して、持続可能な循環経済モデルを実現している。

冷凍ポテト製品の世界最大のメーカーとして、多くのサステナビリティプロジェクトを持つ家族経営の会社である McCain は、Chip ボードに原材料を供給。Chip [s] Board は、Parblex™Plastics を含むポテト廃棄物を使用して製造している。

世界的な関心事である材料廃棄物の処理は各国色々で、Chip[s] Board では、国内外の世界的なブランドからも注目を集めている。同社の次の行動方針は、生産を拡大し、有毒な汚染プラスチックを責任ある代替品に置き換えることを目標にしている。

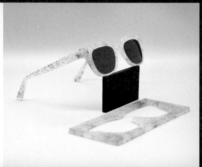

Fernando Laposse

www.fernandolaposse.com
Material: corn husks

Totomoxtle プロジェクトは、伝統のメキシココーンの殻で作られた新しいベニヤ素材。メキシコの伝統的な重要料理素材のこの原産のトウモロコシは、驚くほど深い紫色から柔らかい黄色のクリームまで、色が豊富な種類となっている。

悲しいことに、グローバリゼーションにより、メキシコのトウモロコシの在来種の存続が脅かされている。固有種を保存する唯一の希望は、伝統に従ってトウモロコシを植えるメキシコの先住民にある。メキシコの Puebla 州にある Tonahuixtla のコミュニティと協力して、Totomoxtle プロジェクトは、伝統的な農業手法を再生に導き、貧しい農民に収入をもたらす新しい技術の確立を支援している。

2016年以来、Fernando Laposse は Tonahuixtla の家族グループと協力し、現在は、メキシコとロンドンを境にプロジェクトを推進している。彼のアプローチは、多くの場合、廃棄物と考えられる天然の材料（トウモロコシの皮など）を再考し、その研究により、洗練されたデザインに変換することを目的にしている。デザイナーとして、持続可能性、生物多様性、権利を奪われたコミュニティの再生、食物と政治、に関心を寄せている。

High Society

www.high-society.it
Materials: hemp, tobacco、pomace

2015年に Johannes Kiniger と Giulia Farencena Casaro によって設立された High Society は、イタリア北部の Dolomite 山の中心に位置するサステイナビリティーを推進するデザイン企業。圧縮成形技術を採用し、産業廃棄物から植物ベースの素材を活用した照明類をリリースしている。

この廃棄物には、ヘンプの残り物、ワイン生産後に残ったパルプ状の残留物や搾りかす、およびタバコ栽培からの廃棄された葉と茎から構成される。

彼らのデザイン照明は、販売還元され、イタリア北東部の都市ボルツァーノのフォーラムプレベンションと協力して、薬物依存症への取り組みをサポートにも繋がっている。

ヘンプのハイライト、ワインのハイライト、タバコのハイライトの3種類のランプを製造している。例えば、ペンダントライトを作るために、無農薬で栽培された産業用ヘンプの残り物を活用したり、ワインペンダントの場合は、南チロルの地元のオーガニックワイナリーから搾りかすが集めて製造されている。タバコライトの場合は、タバコ栽培中に捨てられた葉や茎は、イタリアのベネチア地方のサプライヤーから集められている。独自のランプバリエーションはそれぞれ、バイオベースの接着剤を追加し圧縮成形され、また仕上げには、天然ワックスコーティングで加工される。これにより、光沢のある表面が得られ、ランプが湿気から保護する。最小限でエレガントなペンダントは、商業用と住宅用の両方に最適にデザインされている。

Studio Tjeerd Veenhoven

Material: palm leaves

オランダに拠点を置く Studio Tjeerd Veenhoven は、プロダクトデザインスタジオ。彼が得意とするのは、初期生産から全体的な消費体験までをカバーするバリューチェーン設計。ビンロウジュのビンロウ／ areca betel nut は、インド料理の主食。このナッツは、インド南部およびその他の地域全体で見られるビンロウジュのヤシの木に生える。年間約8000万平方メートルの美しい未使用のヤシの葉を豊富に生産し、そのほとんどの木と同様に、これらのヤシは毎年10月から大きな葉を落とす。この自然な廃棄物を活用した、プロダクトの製作に挑戦した。この、シンプルで自然な材料とナチュラルプロセスを採用した彼は、乾燥した硬くて脆いヤシの葉を永久に柔らかくすることを実現し、革のような品質を作り出した。「PalmLeather」として知られるこのプロジェクトは2010年に設立され、それ以来成長を続けている。

過去8年間、Tjeerd Veenhoven は PalmLeather とその素材で作られた製品を製造するために、インド、ドミニカ共和国、スリランカにいくつかの小さな生産者所有の工場を設立している。彼らチームは、公正な労働条件の下で、その職人によって地元で生産され販売される様々な製品をデザインしている。今回展示の PalmLeather 製のインテリアラグは、柔軟性を持たせたヤシの葉で束ねられ、ストリップにカットし、垂直に整列し仕上げられる。このラグでは、美しく創造的なパターンも追求し、なるべく自然な状態で保てるようにデザインされている。各ラグの詳細はユニークな仕上がりになっている。展示のラグに関しては、ドミニカ共和国でさまざまなサイズとパターンで委託生産されている。

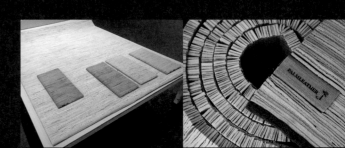

Auther / Director / Editor in chief

佐戸川 和久 *Kazuhisa Sadogawa*

株式会社ゼロファーストデザイン 副社長
株式会社アイアンドアールシステム 代表取締役

アイアンドアールシステム社長とゼロファーストデザインのショップマネージメントディレクターを兼任。1998年より、海外のインテリア展示会へ年間を通して取材に行き定点観測を行っている。最新の海外インテリア情報を分析し、企業ニーズにあった情報を元に定期的にセミナーを行う。百貨店、ライフスタイルショップ、家具専門店の店舗企画 VMD企画、イベントのプロデュース等も行う。2004年からは執筆活動も行い、インテリアトレンド書籍出版・販売。インテリア専門学校講師など幅広い分野で活動。

Editorial Design

糸川 賢司 *kenji Itokawa*

中村 唯 *yui nakamura*

Publisher

前川 圭二 *Keiji Maekawa*

Publishing

トーソー株式会社 トーソー出版
〒104-0033 東京都中央区新川1-4-9
TEL: 03-3552-1001
www.toso.co.jp/book/

Management

福原 愛 *Ai Fukuhara*

INTERIOR TREND VISION: 2020
インテリアトレンドビジョン2020
2020年3月15日 初版第1刷発行

インテリアトレンドビジョン
2019
2,800円＋税

インテリアトレンドビジョン
2018
2,800円＋税

インテリアトレンドビジョン
2017
2,400円＋税

インテリアトレンドビジョン
2016
2,400円＋税

インテリアトレンドビジョン
2015
2,400円＋税

インテリアトレンドビジョン
2014
2,400円＋税

インテリアトレンドビジョン
2013
2,400円＋税

インテリアトレンドビジョン
2012
2,400円＋税

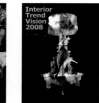

インテリアトレンドビジョン
2011
2,400円＋税

インテリアトレンドビジョン
2010
2,400円＋税

インテリアトレンドビジョン
2009
2,200円＋税

インテリアトレンドビジョン
2008
2,000円＋税

インテリアトレンドビジョン
2007
2,000円＋税

インテリアトレンドビジョン
2006
1,600円＋税

インテリアトレンドビジョン
2005
1,600円＋税

インテリアトレンドビジョン
2004
1,500円＋税

株式会社ゼロファーストデザイン

ZERO FIRST DESIGN

ショップ・デザインオフィス
〒153-0042 目黒区青葉台2-3-1 小杉ビル1F

SHOP
TEL: 03-5489-6101 FAX: 03-5489-6107
www.01st.com

OFFICE
TEL: 03-5489-6106 FAX: 03-5489-6102
URL: zerofirst.co.jp

株式会社アイアンドアールシステム
〒150-0042 目黒区青葉台2-3-1 小杉ビル1F
TEL: 03-5489-6105 FAX: 03-5489-6102
www.iandr.jp

www.trendvision.info

Priting Office
大日本印刷株式会社
2020 printed in Japan
© 株式会社ゼロファーストデザイン2020

ISBN978-4-904403-23-5
C3052 ¥2800E